Max Galli · Michael Kühler

IM REICH DER MITTERNACHTSSONNE

Reise durch Skandinavien

STÜRTZ PANORAMA

Inhalt

11 — Himmlische Schauspiele – Mitternachtssonne und Polarlicht

19 — Hurtig zum Nordkap – Norwegen

53 — Zwischen Sauna und Tango – Finnland

83 — Schweden – Pippi Langstrumpf und andere Göttliche

113 — Kleines Dänemark – ganz groß

135 — Nicht nur Schafsinseln – Färöer

155 — Elfen, Trolle und Weihnachtsgesellen – Island

186 — Register

187 — Karte

188 — Impressum

Links:
Um Mitternacht wird es auch in der norwegischen Stadt Bergen nicht dunkel. Der südlichste Punkt der beliebten Postschiffe „Hurtigruten" ist seit einem Jahrhundert durch die spektakuläre „Bergenbahn" mit der Hauptstadt Oslo verbunden.

Seite 5:
Wenn im Westen die Sonne im Meer versinkt und sich der Tag dem Ende neigt, dann kann man im sommerlichen Island davon ausgehen, dass die Morgenröte nicht weit ist. Die grandiose Kulisse der Westfjorde, wie hier bei Bolungarvik, verstärkt das Gefühl der Einsamkeit am westlichsten Zipfel Europas.

Seite 8/9:
Die Mitternachtssonne spiegelt sich farbenfroh im Porttipahdan tekojärvi. Der See liegt auf 67° 59' nördlicher Breite und 26° 41' östlicher Länge, mitten im finnischen Teil Lapplands. 200 Kilometer nördlich des Polarkreises wird es hier im Sommer nachts nicht wirklich dunkel – und im Winter auch tagsüber nicht wirklich hell.

Himmlische Schauspiele – Mitternachtssonne und Polarlicht

Im nordischen Sommer wird die Nacht zum Tag gemacht. Am Polarkreis geht die Sonne in einer Juninacht überhaupt nicht unter. Je weiter man in den Norden vordringt, desto mehr Wochen bis hin zu Monaten dauert dieses Schauspiel der Mitternachtssonne. Direkt am geografischen Nordpol müsste dieser Polartag exakt ein halbes Jahr dauern, doch aufgrund der Lichtbrechung in der Erdatmosphäre geht die Rechnung nicht ganz auf: Die Eisbären haben noch etwas länger davon.

In den „südlichen Ausläufern" des hohen Nordens wie Oslo, Stockholm und Helsinki geht im Sommer die Abenddämmerung nahtlos in die Morgendämmerung über, es wird nicht richtig dunkel und die Menschen genießen diese „Weißen Nächte" nach den langen, dunklen Wintern. Und die haben es in sich, denn in Spitzbergen wird es im Dezember und Januar überhaupt nicht hell. Es sei denn, das Polarlicht erhellt mit seinem magischen Schein den Himmel.

In der nordischen Mythologie wurde das Polarlicht als Tanz der Jungfrauen und Walküren, oder als Kampf der Götter und Geister gedeutet. Die meist grünen, manchmal blauen oder roten Lichtschleier verändern ständig lautlos wabernd ihre

Oben: Dem Simojärvi (See) östlich der Gemeinde Ranua in Finnisch-Lappland entspringt der Simojoki (Fluss), der in den Bottnischen Meerbusen entwässert. Der fischreiche Binnensee ist ein beliebtes Angelrevier – im Sommer auch noch um die mitternächtliche Stunde.
Linke Seite: Selbst ziemlich im Süden Norwegens, in Sandefjord auf dem 59. Breitengrad, erscheint die Nachtstimmung im Sommer unwirklich hell. Die Stadt am Skagerrak ist bekannt für ihr interessantes Walfangmuseum.

Form. Die Schleier, Strahlen, Wolken, Wirbel, Draperien und Bögen können stundenlang über den dunklen Winterhimmel tanzen – bis sie ganz plötzlich wieder verschwinden.

Die wohl bekannteste dänische Schriftstellerin berichtet in ihrer 1937 erschienenen Autobiografie über ganz andere Erlebnisse – auf ihrer Kaffeefarm in Afrika. Auf Deutsch hatte das Buch den Titel „Afrika – dunkel lockende Welt". Karen (Tania) Blixens Werk wurde 1985 mit Meryl Streep, Robert Redford und Klaus Maria Brandauer unter dem Titel „Jenseits von Afrika" verfilmt – und ein Welterfolg. Als 1954 die Verleihung des Nobelpreises anstand, gab es das Gerücht, dass Karen Blixen ihn erhalten würde. Ernest Hemingway, dem stattdessen die hohe Ehre zuteil wurde, beeilte sich zu erklären, er hätte eigentlich zu ihren Gunsten auf den Preis verzichten müssen. Das freute die Autorin mehr, als wenn sie selbst ausgezeichnet worden wäre.

Während die Nobelpreise im schwedischen Stockholm verliehen werden, findet die jährliche Vergabe des Friedensnobelpreises traditionell in der norwegischen Hauptstadt Oslo statt. Die beiden Länder befinden sich auf der skandinavischen Halbinsel, während Finn-

land an der gegenüberliegenden Seite des Bottnischen Meerbusens zusammen mit ihnen als „Fennoskandinavien" bezeichnet wird. Dänemark gehört erdgeschichtlich zum europäischen Festland, geschichtlich und kulturell wird es jedoch eindeutig Skandinavien zugeschrieben.

Verbindungen zwischen den Ländern gab es nicht nur in der Geschichte, jüngere „Bindeglieder" wie die norwegische Erfindung der Büroklammer oder der geniale Einfall eines Schweden, der Reißverschluss, hält zusammen, was zusammengehört. Eine wesentlich größere Klammer setzt der „Struve-Bogen". Er reicht von Hammerfest beim Nordkap bis zum Schwarzen Meer und verbindet die Länder Norwegen, Schweden, Finnland, Russland, Estland, Lettland, Litauen, Weißrussland, Moldawien und die Ukraine. Im 19. Jahrhundert errichtet, dient er zur genauen Bestimmung der Größe und Form der Erde. 2005 wurde der Struve-Bogen in die UNESCO-Weltkulturerbeliste aufgenommen und stellt hier das erste derart ausgezeichnete „wissenschaftliche Instrument" dar. Außer in zwei Gebäuden befinden sich alle Messpunkte unter freiem Himmel, es sind Obelisken, Steinhügel oder ähnliches.

Kunst auf dem Weg

Nicht ganz so enorme Dimensionen weisen zwei Kunstausstellungen in den skandinavischen Landschaften auf. Der schwedische Kunst- und Skulpturenweg „Sju Älver" ist nur gut 300 Kilometer lang. Unterwegs kann man zwölf teils recht eigenwillige Kunstwerke besichtigen.

In der norwegischen Provinz Nordland stehen über die ganze Küste verteilt 34 Werke von Künstlern aus 17 Ländern. Mit 40 000 Quadratkilometern ist dies wohl der größte „Ausstellungsraum" weltweit. Die oft monumentalen Skulpturen des dä-

Oben:
Besonders eindrucksvoll ist die Mitternachtsstimmung auf der größten Hochebene Europas, der Hardangervidda. Erreichbar ist dieses lichtdurchflutete Land der Farben und Formen auf der norwegischen Reichsstraße 7, doch intensiver erleben lässt es sich bei einer ausgedehnten Wanderung.

Rechts:
Die nicht nur für ihre Frachtbeförderung beliebten Postschiffe „Hurtigruten" durchqueren im schmalen Raftsund die Inselgruppe Lofoten, um zur nördlich gelegenen Vesterålen zu gelangen. Beide Inselnamen hören sich im Deutschen wie Mehrzahl an, doch der norwegischen Einzahl wird ein „en" als Artikel angehängt.

nischen Starkünstlers Olafur Eliasson (mit isländischen Wurzeln) verbinden Licht, Wasser und Eis. Diese Elemente prägen ihn in seiner Heimat, dem „Reich der Mitternachtssonne", auch wenn er heute eher ein Bewohner des „globalen Dorfes" ist. Denn er lebt in Kopenhagen, hat sein Atelier in Berlin und war 2008 mit nur 40 Jahren einer der jüngsten Künstler, dem das Museum of Modern Art in New York eine Einzelausstellung widmete.

Zwischen Eisbergen und Eisbären

Eis ist eines der prägenden Elemente auf der größten Insel der Welt, Grönland. Geografisch gehört sie zum arktischen Nordamerika, politisch jedoch zu den – von den nordischen Ländern aus gesehen – südlich anmutenden Gefilden Dänemarks. Wenn das gesamte Inlandeis Grönlands schmelzen würde, würde der Wasserstand weltweit um sechs bis sieben Meter steigen – die Grönländer würden aber kaum nasse Füße bekommen, weil sich die Insel durch die Gewichtsentlastung gleichzeitig um 600 Meter heben würde.

Das Eis ist ein Überbleibsel der letzten Kaltzeit, die vor etwa 11 500 Jahren endete. In einer Zwischenwarmzeit muss Grönland ein „grünes Land" mit deutlich wärmerem Klima als heute gewesen sein – daher der Name. Im „Kalaallit Nunaat" (Land der Menschen), wie die Inuit die Insel nennen, fühlen sich die Eisbären besonders wohl.

Oben:
Malerisch mündet der Fluss „Ribe Å" im Südwesten Jütlands in die Nordsee. Das recht kurze Gewässer hat seinen Namen vom altdänischen Wort „ripa" für Flussufer, und an eben diesem liegt auch eine der schönsten dänischen Städte: Ribe.

Links:
Mit knapp 90 Quadratkilometern kann man den Simojärvi im Süden Lapplands eher zu den „kleineren" Seen Finnlands zählen. Doppelt nutzbar ist er trotzdem: viele „mökki" (Ferienhäuser) liegen an seinen Ufern und im Winter finden auf ihm die beliebten Rentierschlittenfahrten statt.

Links:
Im See von Fatmomakke werden diese Fischer sicher einen guten Fang machen. Der lappländische Ort ist eine alte Kirchstadt der schwedischen Samen und bekannt für seine vielen zeltähnlichen Hütten.

Unten:
Der Schärengarten vor der schwedischen Hauptstadt Stockholm ist wohl eines der größten „Naherholungsgebiete", die eine Großstadt bieten kann. Ein Tagesausflug zwischen den zigtausend Inseln und Inselchen ist genauso beliebt wie ein verlängertes Wochenende in einem der vielen Ferienhäuschen.

Die Küstenseeschwalben haben ihre größten Kolonien in der Diskobucht. Sie sind Lebewesen, die von der Mitternachtssonne gar nicht genug bekommen können. Denn wer würde wohl sonst auf die Idee kommen, jedes Jahr um die 40 000 Kilometer zu fliegen, nur um zwei Mal zwei Monate lang ununterbrochen sonnenzubaden? Die zuweilen auch Menschen gegenüber ganz schön angriffslustigen Vögel brüten im Sommer in der nordischen Arktis wie auf Grönland und Spitzbergen und fliegen im Winter in die Antarktis auf der Südhalbkugel. Kein anderer Vogel bewältigt solche Flugstrecken, kein anderes Lebewesen erhält so viel Licht. Denn wenn im Norden winterliche Nacht herrscht, geht im Süden die Sommersonne nicht unter.

Andere Artgenossen pflegen eher die Verdunkelung. Jedes Jahr im Frühjahr und Herbst versammeln sich am Himmel über der Marsch beim dänischen Tønder bis zu eine Million Stare zu einem großen Luftballett. Diese „schwarze Sonne" ist eine der ornithologischen Sehenswürdigkeiten im (nicht nur) daran reichen Norden Europas. Island und die Färöer eint unter anderem das Vorhandensein einer überaus vielfältigen Vogelwelt. Doch außer der regelmäßigen Fährverbindung von Dänemark über die „Schafsinseln" zum „Eisland" gibt es auch Gemeinsamkeiten in den Sprachen und in deren Umgang damit. Beide Länder gehörten früher zu Dänemark; Island hat die Abnabelung schon komplett geschafft, während die Färöer auf dem besten Weg dorthin sind.

Island und die Färöer pflegen einen strengen Sprach-Purismus und die Vermeidung von Fremdwörtern oder gar Anglizismen. So haben beispielsweise die Isländer die „neumodische" Bezeichnung Telefon zu einem simplen „Draht" (sími) gemacht. Und das scheint gar nicht so abwegig, manchmal kann man ja sogar per Telefon einen „Draht" zueinander bekommen. Die Übersetzung für Internet lautet übrigens: „veraldarvefurinn", wörtlich Weltverflechtung.

In der Nutzung dieser beiden neuen Kommunikationsmittel sind die Färinger und die Isländer zusammen mit den anderen Nordländern unbestritten Weltmeister. Während die Färinger in ihrer Schriftsprache nur am Buchstaben „ð", einer Vorgängervariante des englischen „th", festhalten, haben die Isländer zusätzlich auch noch das „þ" behalten: einmal stimmhaft und weich, einmal stimmlos und hart – das macht die Aussprache für Unkundige nicht einfacher. Das letztgenannte Sonderzeichen stammt noch aus der Runenschrift und ist mit ausländischen Tastaturen nur über einen Umweg herzustellen.

Weltmeister

Bei einer heute besonders beliebten Art der Nachrichtenübermittlung liegt die Würze in der Kürze. Die Finnen, von Bertolt Brecht als „in zwei Sprachen schweigend"

bezeichnet, haben dem Mobiltelefon die Krone aufgesetzt und SMS erfunden. Entsprechend der Beliebtheit ist das Datenvolumen hier nun viel größer als beim drahtlosen Telefonieren. Die finnische Firma, die immer wieder in aller Munde ist – Nokia –, hat früher Gummistiefel hergestellt. Das ist wichtig zu wissen, wenn man über eine der außergewöhnlichsten Sportarten sprechen will: Gummistiefel-Weitwurf. Die dazugehörigen Weltmeisterschaften werden in Finnland ausgetragen.

Isländer pflegen eine ganz andere Weltmeisterschaft auf die Beine zu stellen: Die Islandpferde sind die einzige Pferderasse, für die es eine eigene Weltmeisterschaft gibt. In den unendlichen Weiten des Landes leben sie weitgehend ungestört. Besonders einsam und abgeschieden ist das Naturreservat im nördlichen Teil der Westfjorde. Nachdem die wenigen Höfe aufgegeben wurden, lebt nur noch der Leuchtturmwärter von Latravik das ganze Jahr über hier. Einer von ihnen fand kurz nach seiner Ankunft einen angeschwemmten Gummistiefel und schwor, nicht eher fortzugehen, bis der zweite Stiefel auftaucht. Er blieb die Rekordzeit von 15 Jahren auf dem Posten – auf den Stiefel wartet man noch heute.

Auf den lang ersehnten Sommer warten die Nordländer ungeduldig. Allgemein sagt man: Je wärmer das Wetter, desto kürzer die Hosenbeine. Das geht in Lappland schlecht – denn da lauern die Mücken. Zu einem der beliebtesten touristischen Ziele Islands, dem See Mývatn („Mückensee"), gibt es eine gute Nachricht: Die beiden Mückengenerationen eines Jahres schlüpfen im Juni und August, sodass im Juli deutlich weniger Plagegeister unterwegs sind.

Und dann ist er endlich da, der Sommer, und es wird ausgiebig gefeiert. In Schweden gehört zum Mittsommerfest die „maistång", die allerdings nichts mit unserem Maibaum gemein hat. Das Wort „majen" bedeutet bei Zweigen oder Blumen „winden" oder „herumbinden". Ganz anders in Kilpisjärvi im äußersten Nordwesten Finnisch-Lapplands: Hier wird das größte Fest des Jahres traditionell mit einem Skilauf begangen, weil an geschützten Berghängen der Schnee ganzjährig liegen bleibt.

Oben:
Ruhe und Erholung verspricht ein Sommerurlaub an einem der zauberhaften schwedischen Seen, wie hier im mittelschwedischen Hälsingland.

Links:
Viel bewundert wird das sogenannte „Butterfass": der wasserspeiende Strokkur lässt seine Wassersäule regelmäßig alle paar Minuten zehn bis zwanzig Meter in die Höhe schießen. Während in der ganzen Welt Wasserspeier dieser Art unter dem isländischen Namen „Geysir" bekannt sind, wird im Land selbst nur der zur Zeit ziemlich zur Ruhe gekommene „Stóri-Geysir" so genannt.

Seite 16/17:
Eine Stunde vor Mitternacht wird beim Blick aufs Meer bei Hamnøy die Szenerie in unwirklich scheinende Farben getaucht. Die norwegische Inselgruppe Lofoten liegt nördlich genug, um dieses Schauspiel viel länger als nur eine Nacht dauern zu lassen.

Hurtig zum Nordkap – Norwegen

Auf kaum einer Straßenkarte Norwegens findet man die Riksvei (Reichsstraße) Nr. 1, und doch ist sie die wichtigste Verbindung in diesem langen, schmalen Land – die Route der Post- und Versorgungsschiffe „Hurtigruten". Dieser Seeweg erhielt die Ehrenbezeichnung „Straße", weil damit auch die Bewohner der abgelegenen Gegenden nahe der russischen Grenze an die Welt angeschlossen sind. Die einst einfachen Dampfer können heute längst mit mondänen Kreuzfahrtschiffen konkurrieren und viele Gäste nutzen diese komfortable Möglichkeit, zum nördlichsten Punkt Europas zu kommen, dem Nordkap.

Doch ist es wirklich der nördlichste Punkt? Auf der Insel Magerøya liegt die Landzunge Knivskjellodden mit ihrer nördlichen Breite von 71° 11' 08" noch etwas nördlicher. Nach einer längeren Wanderung muss man hier keinen „Eintritt" zahlen und wird entschädigt mit dem grandiosen Ausblick auf die legendären Felsen des oftmals überlaufenen Nordkaps. Der nördlichste Punkt des norwegischen Festlands ist die Landzunge „Nordkinn" und auch die europäischen Inseln haben noch Nördlicheres zu bieten: das Svalbard-Archipel mit seiner bekannten Hauptinsel Spitzbergen.

Oben: Der südlichste Punkt des norwegischen Festlandes, das Kap Lindesnes, liegt auf der nördlichen Breite von 57° 58' 43" und ist genau 2518 Kilometer vom Nordkap entfernt. Der erste Leuchtturm des Landes wurde hier bereits im Jahre 1655 gebaut.

Linke Seite: Bei Hamnøy verlässt das Postschiff den Raftsund und damit Lofoten, um auch Stokmarknes auf Vesterålen mit allem Nötigen zu versorgen. Auf den ersten Blick mögen diese beiden norwegischen Inselgruppen wie „Festland" aussehen, doch es ist immer wenigstens ein schmaler Sund, der eine Brücken-, Tunnel- oder Fährverbindung nötig macht.

In diesem unwirtlichen Teil Norwegens gibt es zwischen den Siedlungen nach wie vor keine Straßen und verlassen werden dürfen sie nur bewaffnet – wegen der Eisbären. Von Mitte November bis Ende Januar gibt es noch nicht einmal eine Dämmerung, dafür scheint die Sonne ohne Untergang von Mitte April bis Mitte August.

Bei diesen Extremen halten es doch viele lieber mit Kaiser Wilhelm II., der zeitweise fast jeden Sommer mit seiner Jacht „Hohenzollern II" in den Fjorden der norwegischen Westküste segelte und damit den deutschen Nordland-Mythos begründete. Denn entlang der Küste und Fjordlandschaft gibt es nicht nur grandiose Natur und schöne Orte, auch das schönste „Örtchen" der Welt kann man aufsuchen. Tausend Meter über dem Fjærlandsfjord liegt es still und einsam, und der Gang wird mit der schönsten Aussicht weit und breit belohnt.

Weit weniger einsam ist man in der Hauptstadt Oslo. Dem isländischen Gelehrten Snorri Sturluson zufolge wurde die Stadt im Jahr 1048 von König Harald III. gegründet, weshalb 1950 ihr 900. Geburtstag gefeiert wurde. Da aber neuere Ausgrabungen christliche Gräber aus der Zeit um das Jahr 1000 zum Vorschein brachten, war

im Jahr 2000 bereits das tausendjährige Jubiläum angesagt. Norwegen wurde übrigens erst 1905 selbstständig.

Ebenfalls über Geschichte und zwar die der Philosophie – und das auch noch sehr erfolgreich – berichtet der Roman „Sofies Welt". Jostein Gaarder wollte damit eine philosophische Einführung für ältere Kinder schaffen, aber er begeistert damit ebenso Erwachsene. Erfolgreich durchsetzen konnte sich auch die jüngere der beiden norwegischen Sprachen, Bokmål bzw. Riksmål, die Buch- oder Reichssprache. Abgeleitet vom Dänischen wird sie von der großen Mehrheit der Norweger gesprochen, während das ältere Nynorsk (wörtlich: Neunorwegisch) mehr Gemeinsamkeiten mit Färöisch und Isländisch hat als mit Dänisch oder Schwedisch. Jeder Abiturient wird in den beiden norwegischen Sprachen geprüft.

Von „A" bis „Å"

Die lange Liste der norwegischen Schriftsteller enthält einige Nobelpreisträger. Sie reicht von „A" bis „Å", denn der Kreis auf dem „A" markiert das Ende des Alphabets. Im Kreis gedreht haben sich die Norweger

bei ihren Volksabstimmungen zu Beginn des 20. Jahrhunderts. 1916 stimmten sie für das Verbot von Alkohol, 1927 hingegen für die Aufhebung dieses Verbots. Wesentlich konsequenter waren sie 1972 und 1994 bei den Abstimmungen gegen den Beitritt zur EU. Und das können sich die Norweger auch leisten. Das vor der Küste geförderte Erdöl wird exportiert, der Strom aus den Wasserkraftwerken ist so billig, dass es in manchen öffentlichen Gebäuden noch nicht einmal Lichtschalter gibt. Und Hochprozentiges ist viel günstiger zu haben, seitdem das Nachbarland Schweden seine staatlich festgelegten Preise der EU entsprechend nach unten korrigiert hat. Die größten schwedischen Alkoholläden befinden sich mittlerweile in unmittelbarer Grenznähe, sodass der kleine Grenzverkehr zur „Verständigung" der Nachbarn beitragen kann …

Linke Seite oben:
Der beeindruckende Felsen des Nordkaps im hohen Norden Norwegens zieht die Menschen magisch an. Zwischen 16. Mai und 28. Juli scheint hier Tag und Nacht die Sonne – richtig warm wird es dadurch aber nicht, denn die Durchschnittstemperaturen liegen im Juni und Juli bei mageren 9 bis 11 Grad.

Linke Seite unten:
Ein gutes Stück nördlich des Polarkreises will die Mitternachtssonne bei Flakstad im Sommer nicht untergehen. Von hier ist es nicht mehr weit bis zu den südwestlichsten Ausläufern der beliebten norwegischen Inselgruppe Lofoten, der Insel Moskenesøy.

Links:
Die beiden Türme des Osloer Rathauses beherrschen das Bild des Hafens und sind ein Wahrzeichen der norwegischen Hauptstadt. Während alle Nobelpreise in Schweden überreicht werden, findet die Verleihung des Friedensnobelpreises alljährlich hier statt.

Unten:
Tromsø liegt auf einer kleinen Insel und ist durch die markante, 43 Meter hohe gleichnamige Brücke mit dem Festland verbunden. Seit den 1960er-Jahren symbolisiert die Eismeerkathedrale die dunkle Jahreszeit und das Nordlicht im hohen Norden Norwegens.

Nach den langen geschichtlichen Verbindungen mit Dänemark und später mit Schweden werden heute Tradition und Moderne gleichfalls hochgehalten, was sich nicht nur beim Königshaus zeigt. Bei der Hochzeit des Kronprinzen Haakon mit Mette-Marit trat die samische Sängerin Mari Boine in ihrer samischen Tracht auf und trug ein bekanntes norwegisches Kirchenlied vor: auf Samisch. Die „Sumpfleute" (Samen) im hohen Norden Norwegens sind damit im 21. Jahrhundert angekommen. Die beinahe in Vergessenheit geratenen berühmten Stabkirchen dagegen begannen ihren Weg in die Weltöffentlichkeit bereits im 19. Jahrhundert.

Linke Seite:
Besonders charmant zeigt sich die Altstadt von Stavanger mit ihren malerischen Holzhäusern. Die viertgrößte Stadt Norwegens, Verwaltungssitz des Bezirks Rogaland, profitierte durch die Ölfunde vor der Küste und war im Jahr 2008 Kulturhauptstadt Europas.

Oben:
Wer es noch einsamer möchte als im dünn besiedelten, aber immerhin bewohnten Festland- und Insel-Norwegen, der kann im Leuchtturm „Feistein" übernachten. In der Nähe von Stavanger gelegen, ist der Gast hier alleine mit sich, Sonne, Wind und den Wasservögeln.

Oben und rechte Seite:
Die norwegischen Fjorde haben oft Kinder und Kindeskinder. So ist der 45 Kilometer lange Sørfjord der längste Seitenarm des Hardangerfjordes. Freundliche Uferlandschaften wechseln sich ab mit wildem Hochgebirge.

Linke Seite:
Wie hier im Løyningsdal im Bezirk Hordaland gibt es unzählige Wasserfälle in Norwegen. Wasserkraft ist deshalb auch die wichtigste Form der Energiegewinnung im Land – denn das vor der Küste geförderte Öl wird exportiert.

Oben:
Am Rand des Hordalandes befindet sich das steinige Røldalsfjell. Im Norwegischen bedeutet „Fjell" eigentlich nur „Gebirge", kann aber am treffendsten mit „Bergtundra" übersetzt werden.

Seite 28/29:
Der Hornspass liegt im norwegischen Bezirk Sogn og Fjordane, der an das Hordaland grenzt. Spektakulär und bekannt ist hier der Sognefjord, denn er ist mit 200 Kilometern der längste in ein Land reichende Meeresarm weltweit.

Oben:
Bryggen wurde früher Tyskebryggen (Deutsche Brücke) genannt. Die Häuser standen für das Beladen und Entladen der Schiffe direkt am Hafenbecken von Bergen in Norwegen.

Rechte Seite:
Die bunt gestrichenen Holzhäuser der Bryggen stehen heute auf der UNESCO-Weltkulturerbeliste. An die Hansezeit erinnert das Hanseatische Museum in Bergen, der Stadt, die als geschichtsträchtigste ganz Norwegens gilt.

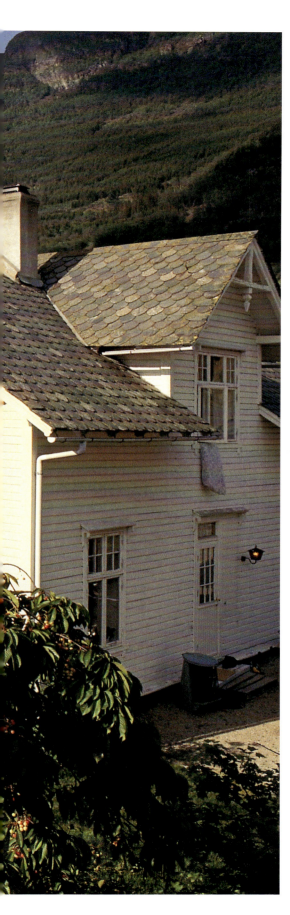

Links:
Die süßesten Kirschen Norwegens werden in Lofthus am Hardangerfjord geerntet. Damit ist es wohl kein Wunder, dass sich Edvard Grieg (1843–1907) gerne hierher zum Komponieren in seine Hütte zurückzog.

Oben:
Mit dem Zug ist Myrdal erreichbar, denn hier endet die Flåmbahn, eine Zweigstrecke der Bergenbahn. Hohe schneebedeckte Berge, tosende Wasserfälle und grüne Wiesen säumen die wohl spektakulärste Bahnstrecke Norwegens.

In der 800 Jahre alten Stabkirche von Lom
vereinen sich viele Höhepunkte Norwegens.

Umgeben von den höchsten Bergen Skandinaviens birgt die Stabkirche einen Chorbogen und eine Kanzel (1793) vom Holzschnitzer Jakob Sæterdale.

Seite 36/37:
Als eine der schönsten Städte Norwegens gilt Ålesund. Inmitten der Fjorde und Schären lohnen die prächtigen Jugendstilhäuser auf jeden Fall einen Besuch. Bekannt ist Ålesund aber auch für seinen Klippfisch, der vor allem nach Portugal exportiert wird.

Linke Seite:
Den Geirangerfjord lässt wohl kaum eine Route der Kreuzfahrtschiffe aus. Atemberaubend ragen die Felswände auf, donnernd rauschen die Wasserfälle in die Tiefe. Bereits seit der Mitte des 19. Jahrhunderts ist der Fjord eines der beliebtesten Touristenziele Norwegens.

Oben:
Kristiansund, die Stadt auf den drei Inseln, hatte sich Jahrhunderte lang nur in Richtung Meer orientiert. Erst am Ende des 20. Jahrhunderts wurde sie durch eine 300 Millionen Euro teure Brückenkonstruktion mit dem norwegischen Festland verbunden.

Links:
Die ehemals erste Hauptstadt Norwegens ist heute die drittgrößte Stadt des Landes. Besonders eindrucksvoll ist der Blick morgens oder abends von der Festung Kristiansten auf Trondheim.

Oben:
Am alten Hafen der geschichtsträchtigsten Stadt Norwegens, Trondheim, dienten diese Pfahlbauten aus dem 18. und 19. Jahrhundert früher als Lagerhäuser. In den zum größten Teil restaurierten Häusern befinden sich heute mehrere gute Fischrestaurants.

Seite 42/43:
Abendstimmung am Svenningsvatnet: der See liegt bei der kleinen Ortschaft Grane im Bezirk Nordland. Mit fünf Quadratkilometern Wasserfläche ist er einer der vielen kleinen Seen Norwegens.

Oben:
Selbst kurz vor Mitternacht ist es wie hier bei Grimstad in Nordland noch taghell. Die kleine Ortschaft darf man dabei nicht verwechseln mit der Stadt gleichen Namens im Süden Norwegens, die einst Ibsen und Hamsun beherbergte.

Rechte Seite:
Im Holandsfjord kommt man der Gletscherzunge des Engabreen ganz nahe; sie ist Teil des zweitgrößten Gletschers Norwegens, des Svartisen. Komfortabel lässt sich die faszinierende Landschaft vom Kreuzfahrtschiff aus betrachten, doch die einsamen Weiten laden auch zu Wanderungen ein.

Linke Seite:
Herrlich spiegeln sich hier die norwegischen Lofoten-Gipfel der majestätischen Berge im Selfjord.

Oben:
Die Fischersiedlung Reine ist der Hauptort auf der norwegischen Lofoten-Insel Moskenesøy. Nicht nur zahlreiche Maler zieht es hierher, auch Bergsteiger mieten sich gerne in einem der gemütlichen Ferienhäuser ein.

Linke Seite:
Schnee liegt bis in das späte Frühjahr auf den Lofoten-Bergen. Dieser Teil Norwegens mit seinen idyllisch anmutenden Fischerdörfern verdankt seinen Wohlstand vor allem dem Fischfang, wobei hier besonders Kabeljau in die Netze geht.

Oben:
Im Westen der norwegischen Lofoten-Insel Flakstadøy befindet sich der herrliche weiße Sandstrand von Ramberg. Wegen der zuweilen auftretenden Wetterkapriolen wurde hier ein Windschutz errichtet.

Im äußersten Nordosten Norwegens auf der Halbinsel Varanger gelegen, scheint der Båtsfjordfjell nur sehr schwer erreichbar zu sein. Doch in Båtsfjord endet eine Straße, hier gibt es einen kleinen Flughafen und das Postschiff Hurtigruten versorgt die Einwohner zuverlässig mit allem Nötigen.

Die Halbinsel Varanger gehört zur norwegischen Provinz Finnmark. Oberhalb der Baumgrenze, im Båtsfjordfjell, scheint sich diese Rentierherde sichtlich wohl zu fühlen. Halb domestiziert, genießen die Rentiere die meiste Zeit des Jahres ihre Freiheit.

Zwischen Sauna und Tango – Finnland

Finnland gilt aufgrund seiner Sprache als Exot unter den nordischen Ländern. Doch eine urfinnische Einrichtung, die „Sauna", hat in Wort und Tat in viele andere Länder und Sprachen Eingang gefunden. Und eine klassische Musikgattung hat umgekehrt ihren Weg von der Heimat Argentinien über Paris nach Finnland genommen, die man bei den als „kühl" geltenden Finnen nicht vermuten würde.

Während in Südamerika die Tango-Tanzpaare in einem kantigen Miteinander voll knisternder Erotik verschmelzen, geht es beim finnischen Tango um unglückliche Liebe, um vorüberziehende Wolken und um den Tod. Jedes Jahr im Juli ist die Stadt Seinäjoki, eigentlich als Zentrum für Butter und Schweineschmalz und damit als „Fettstadt" bekannt, die Tango-Metropole Finnlands. Rund 150 000 Menschen tanzen hier Tag und Nacht in den Straßen. Und wenn es regnet? Dann wird der Schirm aufgespannt und weitergetanzt ...

Die in Deutschland lebende gebürtige Finnin Marjaleena Lembcke, eine Meisterin der leisen Töne, hat dem Tanz mit ihrem Roman „Finnische Tangos" ein gebührendes Denkmal gesetzt. Seit einigen Jahren übersetzt der Künstler Harri Kaitila

Oben: Einem Elch begegnet man in Süd- und Mittelfinnland am ehesten in der Abenddämmerung, denn tagsüber ist Ruhen angesagt. Die bis zu drei Meter langen und bis zu 800 Kilogramm schweren Riesenhirsche mögen plump wirken, aber sie sind gute Schwimmer und Läufer.
Linke Seite: Die Inselgruppe Åland liegt zwischen Finnland und Schweden in der Ostsee und hat viele Besonderheiten aufzuweisen. Zu Finnland gehörig, ist das Gebiet weitestgehend autonom und einsprachig schwedisch: in den Schulen ist Finnisch nur Wahlfach, Englisch hingegen Pflichtfach.

finnische Tango-Evergreens ins Deutsche, sodass man diese schwierige Sprache nicht lernen muss, um die melancholischen und teils ironischen Texte verstehen zu können.

Doch um welche Landessprache handelt es sich eigentlich? Finnland gilt mit Finnisch und Schwedisch offiziell als zweisprachig. Im hohen Norden, in Lappland, gibt es jedoch eine viersprachige Gemeinde mit fünf Namen: Finnisch: Inari, Schwedisch: Enare, Nordsamisch: Anár, Inarisamisch: Aanaar, Skoltsamisch: Aanar. Drei unterschiedliche samische Sprachen gibt es nur in dieser Gemeinde – Schwedisch wird jedoch hier anders als in manchen anderen Orten Finnlands nicht gesprochen.

Weihnachtsmann & Co.

Das Dorf Inari am gleichnamigen See verkörpert wie kaum ein anderes die wechselvolle Geschichte des Landes. Bis 1751 war es gleich drei Staaten steuerpflichtig: Schweden, Norwegen und Russland. Die längste Landesgrenze Finnlands ist diejenige zu Russland und fast scheint es, dass auch das von dort kommende Wetter kälter ist. Finnland ist nämlich das einzige Land der Welt, dem selbst in milden Wintern sämtliche Häfen zufrieren. Die für das Land so wichtigen Eis-

brecher müssen bei ihren Arbeitspausen übrigens nicht ankern: Sie lassen sich zufrieren!

Kein Wunder, dass sich hier der Weihnachtsmann wie zu Hause fühlt. Wenige Kilometer nördlich von Rovaniemi, direkt am Polarkreis, wohnt er und in der Polarnacht schweben große Passagiermaschinen ein und bringen Besucher aus London, New York und Tokio. Wer den weiten Weg scheut, der kann seit einigen Jahren dem finnischen Weihnachtsmann Joulupukki jedes Jahr im Advent in Stuttgart, Leipzig oder Hannover begegnen, in den beliebten „Finnischen Weihnachtsdörfern".

Kalevala aus Karelien

Neben Lappland und der riesigen mittelfinnischen Seenplatte beeindrucken die Besucher die südlich wirkende „Sonnenroute" am Bottnischen Meerbusen sowie das noch immer urtümlich anmutende Karelien im Osten. Hier schlägt das Herz Finnlands. Die Hügellandschaft des Koli gilt trotz ihrer eher geringen Höhe als „heiliger Berg" und das finnische Nationalepos „Kalevala" kommt einer Bibel gleich. Ihm zufolge fertigte der alte Schöpfergott und Zaubersänger Väinämöinen die erste Kantele, ein Musikinstrument, das wie eine

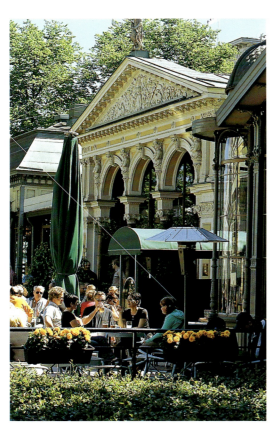

Zither auf dem Tisch liegend gespielt wird, aus dem Kiefer eines gigantischen Hechts. Als er sie spielte, kamen alle Tiere des Waldes herbei und lauschten …

Elias Lönnrots „Kalevala" unterstreicht die Bedeutung der Sauna als finnisches Identitätssymbol: Die Helden saunieren vor den entscheidenden Kämpfen und die Frauen haben die Aufgabe, den Männern frische Kleidung zu bringen und Holz nachzulegen. Die Stellung der Frau in der finnischen Gesellschaft hat sich indes sehr geändert: 1906 war es das erste Land der Welt, in dem die Frauen das aktive und passive Wahlrecht erhalten haben.

Weiße Nächte und Teppichwaschanlage

Modernes Denken hat schon früher im Land Einzug gehalten, ganz besonders in der Hauptstadt Helsinki. Der russische Zar Alexander I. ließ den Berliner Architekten Carl Ludwig Engel nach Finnland kommen und praktisch das gesamte Zentrum der Stadt nach dem Vorbild St. Petersburgs neu planen. Hier beeindruckt aber nicht nur die prachtvolle Architektur, auch die „Weißen Nächte" locken Einheimische aus ihren Häusern – und Besucher aus aller Welt. Zu bestaunen gibt es die außergewöhnliche unterirdische Felsenkirche aus den 1960er-Jahren mit ihrer Glaskuppel, sehenswert ist aber ebenso die „Teppichwaschanlage" am Meeresufer. Hier sind meist Männer damit beschäftigt, auf Holztischen mit Kernseife und Bürsten die traditionellen Flickenteppiche zu schrubben.

Linke Seite oben:
Das Besucherzentrum des Naturparks Ruunaa liegt in Nordkarelien. Hier können sich nicht nur Wanderer informieren, auch erfahrene Wildwasserfahrer kommen voll auf ihre Kosten: auf einer Strecke von 31 Kilometern passieren sie sechs Stromschnellen.

Linke Seite unten:
Der Musikpavillon auf der Esplanade der finnischen Hauptstadt Helsinki zeugt noch von der glorreichen Vergangenheit, in der dieser Straßenzug die Promeniermeile der feinen Gesellschaft war. Heute ist es die Prachteinkaufsstraße der Stadt und mit seinen vielen Cafés immer gut und gern besucht.

Mitte:
So schwedisch (-sprachig) kann Åland gar nicht sein, dass es nicht doch über die urfinnische Einrichtung schlechthin verfügen würde, das Saunahaus direkt am Wasser. Wie hier am Sandösund auf der Insel Vårdö gibt es viele Möglichkeiten auf der Inselgruppe, nach dem Schwitzen gleich ins Meer zu springen.

Oben:
Selbst im äußersten Norden Lapplands werden die finnischen Straßen im Winter geräumt. In diesem Fall handelt es sich um die E 75, die von Kaamanen nach Utsjoki an der norwegischen Grenze führt – solange also kein unerwarteter Neuschnee kommt, ist das Fortkommen gesichert.

Geruhsam fährt es sich mit der Fähre durch den lieblichen finnischen Schärengürtel von Åland im Süden des Bottnischen Meerbusens. Schweden benutzen diese Fähren nicht nur deshalb gern, weil die Fahrkarten zuweilen sogar verschenkt werden – auf den Schiffen ist Hochprozentiges besonders günstig zu haben.

Åland besteht aus mehr als 6500 Inseln, Klippen und Felsen. Nur gut 50 der Eilande sind bewohnt. Und so sieht man bei einer Fahrt durch den Schärengürtel mehr für Finnland ungewöhnliche Bäume wie Eichen, Eschen oder Ulmen als Menschen ...

Oben:
Nicht nur das milde Klima und die vielen Sonnentage machen Åland zu einem beliebten Ferienziel Finnlands. Der Hauptort Mariehamn auf der Hauptinsel ist nicht nur die einzige Stadt auf dem Archipel, der Ort hat für seine Zahl von 11 000 Einwohnern auch einen imposanten Yachthafen vorzuweisen.

Rechts:
Romantisch ist die Abendstimmung auch am Sandösund zwischen der größeren Insel Vårdö im Süden und dem kleineren Eiland Sandö nördlich davon. Die beiden Inseln liegen östlich des von den Åländern sogenannten „Festlandes", der Hauptinsel zwischen Ostsee und Bottnischem Meerbusen.

Seite 60/61:
Mitten im Schärengarten von Åland, auf dem Inselchen Brändö, scheinen die Bootsschuppen einsam und verlassen zu sein. Doch von hier kommt man sogar per Straße und Fährverbindung in die westlich gelegene Hauptstadt Mariehamn einerseits und zum finnischen Festland im Osten andererseits.

Oben:
Die riesige Ostseefähre scheint sich auf ihrem Weg von Stockholm nach Turku förmlich durch den Schärengarten quälen zu müssen. Vorgelagert sind die Inseln und Inselchen, Klippen und Felsen der ältesten Stadt Finnlands – Turku musste ihre Hauptstadtrolle im 19. Jahrhundert an Helsinki abgeben

Der weltweit größte Schärengarten besteht aus mindestens 20 000 Inseln. Die meisten davon sind nur winzige, unbewohnte und kahle Felsbuckel. Doch in der faszinierenden Inselwelt vor dem finnischen Turku gibt es auch 14 Gemeinden sowie die Stadt Parainen – alles in allem circa 20 000 ständige Einwohner.

Oben:
Allerfrischeste Köstlichkeiten aus Flüssen, Seen und dem Meer werden auf dem Fischmarkt im Hafen von Helsinki angeboten. Die Hauptstadt heißt nicht zu Unrecht „Tochter der Ostsee" und Finnland selbst „Land der tausend Seen".

Rechts:
Nicht nur nachts und festlich angestrahlt ist der Dom von Helsinki ein wahres Prachtstück. Im Auftrag des russischen Zaren von Carl Ludwig Engel entworfen, liegt er am eindrucksvollen Senatsplatz mitten im Zentrum der finnischen Hauptstadt.

Links und oben:
Im Osten von Helsinki, bei Rastila direkt am Finnischen Meerbusen gelegen, kann man nicht nur herrlich baden – es gibt hier auch Zelt- und Wohnwagenplätze sowie Ferienhäuser. Und von hier ist es nur eine gute Viertelstunde mit der Metro bis zu den Sehenswürdigkeiten im Zentrum der finnischen Metropole.

Nordwestlich des Zentrums von Helsinki wird zur Mittsommerzeit ausgiebig gefeiert. Die Insel Seurasaari ist nur durch eine Fußgängerbrücke mit dem Festland verbunden. Das dortige gleichnamige Freilichtmuseum bietet einen Einblick in traditionelle finnische Bau- und Wohnkultur.

Das große Feuer zur Mittsommernacht auf Seurasaari steht für die Wende der Sonne. Ab nun werden die Tage – und das ziemlich schnell – wieder kürzer und die Nächte umso länger. Als Höhepunkt des Mittsommerfestes in Helsinki setzt ein Boot mit einer Hochzeitsgesellschaft zu einem Felseneiland über, das der Insel Seurasaari vorgelagert ist.

Links und oben:
Finnland als Land der „tausend" Seen zu bezeichnen ist hoffnungslos untertrieben, denn gezählt wurden bereits über 180 000! Wie hier bei Kuopio auf dem See Kallavesi in der Mittelfinnischen Seenplatte ist nicht immer klar: hört hier ein See auf, wozu gehört welche Insel …

Seite 72/73:
Ein Sommerabend am Puruvesi neigt sich ganz langsam dem Ende zu. Der See liegt im äußersten Osten Finnlands, nahe der russischen Grenze, und nicht weit von der für ihre Opernfestspiele bekannten Stadt Savonlinna.

An einem klaren Sommertag wird es besonders deutlich: der Puruvesi ist einer der Seen mit der besten Trinkwasserqualität. Das betrifft nicht nur den Vergleich mit den vielen anderen finnischen Seen, sondern das gilt weltweit!

Wie hier bei Kerimäki im Südosten Finnlands prägen Birkenwälder vielerorts das Landschaftsbild. Und sie sind sehr wichtig, denn aus ihrem Holz wird die traditionelle Sauna gebaut und ihre Zweige fördern in ebendieser Institution die Durchblutung der Haut mittels leichten Schlagens.

Gäste werden von den finnischen Bootsführern aufmerksam über den Lieksajoki gesteuert. Der Fluss mit einigen Stromschnellen liegt in Nordkarelien unmittelbar an der russischen Grenze und ist bei Kajakfahrern und Wildwasserkanuten gleichermaßen beliebt.

Seppo Laukkanen, „Lappland-Doktor", lebt am Inarisee. In diesem mit nur zwei Einwohnern pro Quadratkilometer äußerst dünn besiedelten Norden Finnlands haben Arzt und Patienten oft weite Wege bei ihren gegenseitigen Besuchen zurückzulegen.

Links:
Der Weihnachtsmann ist direkt am Polarkreis besonders gut beschäftigt. Im Santa-Claus-Dorf bei der finnischen Hauptstadt Lapplands, Rovaniemi, beantwortet er das ganze Jahr über die Anfragen von Kindern aus aller Welt, doch Hauptsaison ist natürlich in der Polarnacht.

Oben:
Wohl eines der unvergesslichsten Erlebnisse eines Winterurlaubs ist die Fahrt mit dem Rentierschlitten wie hier auf dem See Simojärvi im Süden Finnisch-Lapplands. Diese Hirschart unterscheidet sich sehr deutlich von allen anderen, denn sie lieben die Kälte im hohen Norden – und wer sonst lässt sich so gern domestizieren, wenn er doch die Freiheit gewöhnt ist?

Mit dem heutigen Wissen im Hintergrund erwarten viele Besucher Finnisch-Lapplands mit Ungeduld, das Schauspiel des berühmten Nordlichts zu sehen, wie hier bei Kaamanen. Früher war das anders, da empfanden die Menschen es als göttlichen Fingerzeig, als Furcht einflößend.

Zur mitternächtlichen Stunde ist es gut Fischen auf dem Lokan tekojärvi. Der See liegt 200 Kilometer nördlich des Polarkreises im finnischen Lappland und hat, je nach Wasserstand, eine Ausdehnung von circa 200 bis 400 Quadratkilometern.

Schweden – Pippi Langstrumpf und andere Göttliche

„Pippilotta Viktualia Rollgardina Pfefferminza Efraimstochter Langstrumpf" ist, wenn auch nicht unter ihrem vollen Namen, wohl eine der bekanntesten Schwedinnen weltweit. Astrid Lindgrens Tochter Karin war krank und hatte sich den Namen „Pippi Langstrumpf" ausgedacht. Das Manuskript der Mutter war schließlich ein Geburtstagsgeschenk für die Tochter – und sollte, anfangs vom Verlag als geradezu anarchisch abgelehnt, zu einem Welterfolg werden. Das Archiv der Schriftstellerin in der Königlichen Bibliothek zu Stockholm ist heute Teil des Weltdokumentenerbes.

Eine andere „Göttliche" war Greta Garbo. Legendär war ihre notorische Furcht vor Fremden. So hatte sie einmal eine persönliche Einladung zum Tee mit Königin Elisabeth II. von England, die ihr handschriftlich einen sehr diskreten Rahmen zugesichert hatte, abgelehnt mit der Begründung: sie habe nichts zum Anziehen … Das ist umso erstaunlicher, wenn man bedenkt, dass nicht nur die englische Königin für ihre Hutsammlung bekannt ist.

Denn schließlich wurden einige Film-Hüte der Hollywood-Diva aus Schweden der letzte Schrei: wie zum Beispiel ihr glockenförmiger Hut „Cloche" (Film „Eine

Oben: Tradition wird in Schweden hochgehalten bei den Holzhäusern wie hier in Marstrand. Oft sind sie auch geschmückt mit der schwedischen Fahne, die ja durch ein bekanntes Möbelhaus auch außerhalb des Landes oft anzutreffen ist.

Linke Seite: Falunrot sind viele Holzhäuser Schwedens wie dieses in Småland gestrichen. Das ist nicht nur billig, denn die Farbe ist ein Abfallprodukt der Kupfergewinnung; sie ist auch sehr wetterbeständig.

schamlose Frau"), eine Kappe im Stil einer Kippa (Film „Mata Hari") oder der „pillbox hat" (Film „Der bunte Schleier").

Ingmar Bergmans Film „Das Schweigen" aus dem Jahr 1963 führte aufgrund einiger – für die damaligen Verhältnisse – ungebührlicher Szenen zu einem der größten Skandale des Jahrzehnts; vielen sollte er zum Kultfilm werden.

In diese Fußstapfen tritt ganz aktuell die schwedische Filmemacherin Nathalie Djurberg mit ihren „unverklemmten" Filmen. Die Filmproduktion wurde im 21. Jahrhundert von der Hauptstadt in die Provinz verlegt, das bekannteste Zentrum ist bei Trollhättan, auch „Trollywood" genannt. Hier hat auch die Firma Saab ihren Sitz. Sixten Sason entwarf lange Jahre alle Autos und zusammen mit Victor Hasselblad die legendäre Hasselbladkamera.

Nicht nur als zuweilen kantig, sondern auch als äußerst zuverlässig und sicher, gilt der Volvo. Kein Wunder, schließlich mussten sich die schwedischen Autohersteller schon mit Elchen herumschlagen, lange bevor der „Elchtest" berühmt und berüchtigt wurde. Von der Heimatstadt dieses mobilen Schwedenstahls, Göteborg, heißt es, hier würde man keine Gedichte schreiben, sondern Rechnungen …

Die „friedlichste" Grenze der Welt

Göteborg ist nicht nur für seine lebendige und vielfältige Kaffeehauskultur bekannt, sondern auch Geburtsort einiger Profigolfer. Das mag erstaunen, denn schließlich ist es von hier bis zum berühmtesten Golfplatz Schwedens im äußersten Nordosten des Landes ganz schön weit. Haparanda bildet zusammen mit dem finnischen Tornio trotz Staatsgrenze eine Doppelstadt. Eine der Attraktionen ist der grenzüberschreitende Golfplatz. Ein Abschlag von schwedischer Seite nach Finnland bleibt – wegen der Zeitzonengrenze – immerhin eine ganze Stunde in der Luft!

Unterschiedliche Währungen in den beiden Ländern, ebenso unterschiedliche Spurbreiten der Eisenbahn – kein Hindernis scheint zu groß, um nicht aus dem Weg geräumt zu werden. Seit dem Jahr 2000 hat Schweden an einer ganz anderen Stelle eine Zeitverzögerung überwunden und damit den Weg auf den Kontinent gefunden. Auf der Öresundbrücke kommt man nun in kurzer Zeit mit dem Auto oder der Bahn von Malmö nach Kopenhagen in Dänemark. Das kolossale Bauwerk stört allerdings die Fluglinien einiger Vogelarten. Als „Ausgleich" wurden auf schwedischer Seite in den zweihundert Meter hohen Pfeilern Nistkästen für Wanderfalken angebracht.

Sport in allen Varianten

Das Anbringen der Kästen erforderte wohl ein ähnliches sportliches Können, wie es die Singschwäne bei ihren Tänzen am Tysslingen See oder die tanzenden Kraniche am Hornborgasee an den Tag legen. Literarisch verewigt wurde die schwedische Vogelwelt mit Selma Lagerlöfs „Die wunderbare Reise des kleinen Nils Holgersson mit den Wildgänsen". Für ihr Werk erhielt die Schriftstellerin 1909, als erste Frau, den Nobelpreis für Literatur.

Auch den schwedischen Königen wird eine gewisse Sportlichkeit zugeschrieben. Im Mittelalter hätten sich die Reisekönige

Linke Seite unten:
Die größte Insel der Ostsee, Gotland, ist zugleich die wärmste Region Schwedens. Windmühlen sind zwar eher Wahrzeichen der benachbarten Insel Öland, aber auch Gotland kann mit einem solchen Schmuckstück aufwarten.

Links:
Ein schöner Blick bietet sich vom Rathausturm auf „Gamla Stan", die gepflegte Altstadt von Schwedens Hauptstadt Stockholm. Das Wort „Gamla" (alt) hat auch im Deutschen Einzug gehalten, hier als „gammelig" allerdings mit einem anrüchigen Beigeschmack.

Rechts:
Eine einsam gelegene Insel in einem der zahlreichen Seen, wie hier am Hetögelnsee bei der Ortschaft Gäddede, kann man im äußerst dünn besiedelten mittelschwedischen Jämtland oft mit sich alleine sein. Besucherströme, so es sie denn gibt, konzentrieren sich auf die berühmte Wintersportregion rund um Åre.

Unten:
Geruhsam geht es auch im Sommer auf dem Hjälmarkanal zu, wie hier bei der Vallbyschleuse. Das muss es auch, denn auf nur knapp 14 Kilometern gibt es immerhin neun Schleusen. Der Kanal verbindet den Hjälmarsee mit der schwedischen Stadt Arboga, nordöstlich von Örebro.

bei dem häufigen Wechsel der Regenten die Klinke in die Hand geben können – wenn sie nicht „wohnsitzlos", das heißt ohne festen Regierungssitz, gewesen wären. Nach ihnen wurde der bekannteste Fernwander- und Skitourenweg Skandinaviens benannt: Kungsleden, das heißt „Königspfad". Die grandiose Landschaft Nordschwedens kann man kaum besser kennenlernen! Man begegnet Samen und ihren Rentieren und vielleicht sieht man aus der Ferne sogar Bär, Wolf oder Luchs. Auch der mit 90 Kilometern längste Skilanglauf der Welt, der Wasalauf, geht auf einen König zurück. Gustav Wasa wurde nach der Befreiung Schwedens von Dänemark zum König gewählt.

Linke Seite:
Das lebendige Bergdorf Handöl im schwedischen Jämtland ist seit dem 16. Jahrhundert für den Abbau von Speckstein bekannt. Aus diesem wärmespeicherfähigen Material werden Herde, Öfen und Töpfe hergestellt.

Oben:
Beeindruckende 43 Meter stürzt das Wasser des Hällingsåfallet in die Tiefe. Der Wasserfall im schwedischen Jämtland liegt in einem 800 Meter langen, wassergefüllten Canyon.

Linke Seite und oben:
Zur mitternächtlichen Stunde liegt der Siljansee in der mittelschwedischen Provinz Dalarna still und ruhig da. Zarte Töne von gelb über rosa bis zu violett stehen in reizvollem Kontrast zu den scherenschnittartigen Konturen der Aussichtsterrasse und der Bäume.

Früher war der Kirchgang in Schweden obligatorisch, und als noch keine Straßen rings um den Siljansee führten, war das Kirchboot Transportmittel erster Wahl. Heute wird diese Tradition vor allem zur Zeit des Mittsommerfestes fortgeführt wie hier in Mora, dem Ziel des legendären Wasalaufs.

Der Siljansee gilt als Oase für Ruhe suchende Urlauber. Dieser Wunsch wird das ganze Jahr über erfüllt – außer während des Mittsommerfestes. Dann spielen die Musikanten auf, wie hier in Leksand.

Linke Seite:
Im Fjäll-Dalarna, der südlichsten Wildnis Schwedens, beeindruckt der Njupeskärsfallet. Mit 93 Metern, davon 70 im freien Fall, ist er der höchste Wasserfall des Landes.

Oben:
Nicht nur im Winter zeigt die Orsa-Finnmark mitten in Schweden still ihre Schönheit, wie hier südlich des Dorfes Tandsjöborg. Auch heute noch fast menschenleer, wurden einst im 17. Jahrhundert in der Waldeinöde zwischen Mora und Orsa Finnen angesiedelt.

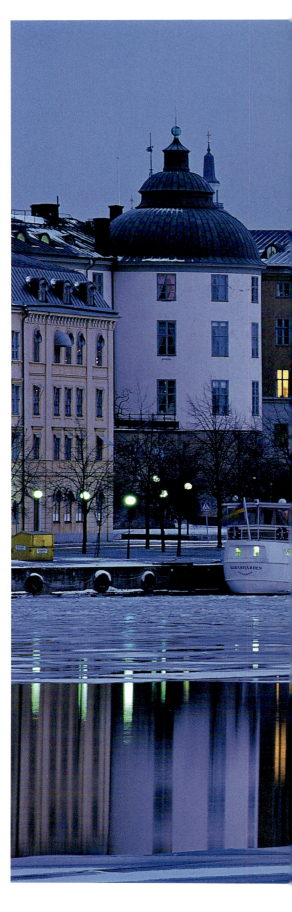

Oben:
Markant erhebt sich der Turm der Riddarholms-
kirche über „Gamla Stan", die Stockholmer Altstadt.
Das Gotteshaus ist Grablege der schwedischen Könige.
Sehenswert sind im Inneren mehrere Grabkapellen
wie die des Hauses Bernadotte.

Rechts:
Die Stockholmer Altstadt-Insel Riddarholmen
heißt übersetzt „Ritterinsel". Hier findet man viele
sehenswerte ehemalige Adelspaläste, die heute
als Regierungsgebäude Schwedens dienen.

Bei Jukkasjärvi gibt sich das sagenhafte Nordlicht ein Stelldichein. Die kleine Samensiedlung unweit der lappländischen Stadt Kiruna ist bekannt für einen der schönsten Wildmarkflüsse Schwedens, den Torne Älv.

Jedes Jahr im Oktober entsteht das schwedische Eishotel in Jukkasjärvi neu. Über 40 Künstler gestalten jedes Zimmer einzeln – eine vergängliche Kunst, denn im Mai schmilzt das Hotel in sich zusammen. Bei konstant minus fünf Grad muss man zum Whiskey gar nicht unbedingt Eiswürfel bestellen …

Die Storkyrka, die Große Kirche, ist auch die älteste Stockholms. Sie erhebt sich nur wenige Meter entfernt vom Schloss und ist Hochzeits- und Krönungskirche der schwedischen Monarchen.

Der nicht besonders große Stortorget war einst der Hauptplatz Stockholms. Im Mittelpunkt der Insel Stadsholmen wird er geprägt von schmalen Bürgerhäusern mit dennoch stattlichen Renaissancefassaden.

Seite 100/101:
Stockholms Lage ist nicht nur einzigartig, weil die Altstadt auf Inseln liegt – berühmt ist auch der Schärengarten. Auf den rund 24 000 Inseln haben sich die Stockholmer seit der Mitte des 19. Jahrhunderts rund doppelt so viele Sommerhäuschen gebaut – Urlaub pur vor der Haustür!

Westlich von Stockholm befindet sich auf einer Insel mitten im Mälarsee eines der berühmtesten Schlösser Schwedens: Gripsholm. Schwedische Könige wohnten hier, doch bekannt wurde es vor allem durch Kurt Tucholskys Sommergeschichte.

Die Stadt Motala liegt am Götakanal, der den großen Vättersee mit dem winzigen Borensee verbindet. Erwähnt wurde dieser Ort in Südschweden bereits im 14. Jahrhundert als Thingplatz.

Oben und rechts:
Nordwestlich von Göteborg liegt die kleine autofreie Insel Marstrand inmitten einer zauberhaften Schärenlandschaft. Diese Bohuslän genannte Landschaft ist ein Traum für alle, die gerne am Wasser Urlaub machen.

Links und oben:
Das Schloss Gunnebo südöstlich von Göteborg ist vor allem wegen seines wunderschönen englischen Parks sehr beliebt. Zum Mittsommerfest wird hier eine „maistång" (nicht zu verwechseln mit unserem „Maibaum") errichtet und Mädchen schmücken ihr Haar mit selbst geflochtenen Blumenkränzen.

Ob sich wohl gerade in diesem farbenprächtigen Garten „Bullerbü" versteckt? Astrid Lindgren hatte damit ebenso wie mit „Michel aus Lönneberg" großen Erfolg – weltweit am bekanntesten ist jedoch „Pippi Langstrumpf".

Üppigst grünt und blüht es in vielen schwedischen Gärten. Nach den selbst im Süden des Landes langen Wintern sehnen sich die Menschen nach dem Sommer und holen die ganze Farbenpracht vor das Fenster und vor die Haustür.

Der dreitürmige Dom von Visby auf der schwedischen Insel Gotland war einst das Gotteshaus der deutschen Kaufleute. Die Inselhauptstadt ist für viele Kirchenruinen bekannt und beliebt ist das Meer blühender Rosen im Sommer.

Die Altstadt Helsingborgs zählt zu den schönsten ganz Schwedens. Die Stadt liegt gegenüber der dänischen Stadt Helsingør an der schmalsten Stelle des Öresundes, in der historisch bedeutenden Provinz Schonen.

Kleines Dänemark – ganz groß

Auf den ersten Blick scheint Dänemark das kleinste der skandinavischen Länder zu sein. Im Osten reicht es gerade mal bis zu den Erbseninseln bei Bornholm, doch im fernen Westen zählt die größte Insel der Welt, Grönland, staatsrechtlich zu Dänemark, geografisch jedoch bereits zu Amerika. Und auch die Färöer zwischen Norwegen und Island gehören politisch zu Dänemark. Allerdings haben beide Inselstaaten eine weitgehende Autonomie, sodass die Abgrenzung einerseits schwierig und andererseits gewünscht ist – je nach Sichtweise.

Dann ist also Dänemark doch das „hyggeligste" der nordischen Länder – wobei dieses Wort nicht hügelig, sondern gemütlich, malerisch oder nett bedeutet. Damit dürfte Dänisch wohl eine der wenigen Sprachen sein, in der es eine Übersetzung für das urdeutsche Wort „gemütlich" gibt. Das Land sieht sich gern als Inselstaat, wobei die vielen Brücken mittlerweile beinahe alle Inseln zu einem „Festland" verbunden haben. Die Öresundbrücke nach Schweden macht es nun sogar möglich, von Südeuropa ohne Benutzung einer Fähre bis zum Nordkap zu gelangen!

Im Mittelalter hatte Königin Margarethe I. Dänemark, Norwegen, Island,

Oben: Das bekannteste Wahrzeichen Kopenhagens, wenn nicht ganz Dänemarks, sitzt auf einem Felsen und ist gar nicht so groß, wie man vielleicht denken möchte. Der Künstler Edvard Eriksens (1876–1959) schuf die „Kleine Meerjungfrau" in Erinnerung an Hans Christian Andersens gleichnamiges Märchen.

Linke Seite: Traumhafte Sonnenuntergänge wie hier auf der Nordseeinsel Rømø verheißen einen wunderschönen neuen Tag. Obwohl Dänemark im Allgemeinen und die Insel im Besonderen „tief" im Süden Skandinaviens liegen, scheint hier das Sonnenlicht doch besonders magisch zu sein.

Schweden und Finnland in der Kalmarer Union unter dänischer Vorherrschaft vereint. Diese geschichtlichen Verbindungen lassen das Land heute noch zu Skandinavien gehören, obwohl es geografisch Festland-Europa zugerechnet werden muss. Dieses „Sein oder Nichtsein" wurde bekanntlich bereits von Shakespeare thematisiert. Er lässt seinen von Zweifeln geplagten Hamlet durch die Hallen von Schloss Kronborg in Helsingør irren und hier den bedeutungsschweren Satz „to be or not to be" sprechen.

Ein anderes geflügeltes Wort stammt aus dem gleichen Stück: „Es ist etwas faul im Staate Dänemark." Das kann heute nicht mehr sein, denn die jetzige Königin, Margarethe II., ist nicht nur Regentin der ältesten regierenden Dynastie der Welt, sie ist auch beim Volk sehr beliebt. Neben ihren vielfältigen repräsentativen Aufgaben tritt sie als Künstlerin hervor. So illustrierte sie unter dem Pseudonym Ingahild Grathmer die dänische Ausgabe von Tolkiens „Herr der Ringe". 1788 hatte einer ihrer Vorgänger, Kronprinz Frederik, die Königliche Porzellanmanufaktur beauftragt, ein Tafelservice von 2600 Teilen als Geschenk für Zarin Katharina II. herzustellen. „Flora Danica", auf dem die gesamte dänische Pflanzen-

welt dargestellt ist, wurde 1803 fertiggestellt. Da die Zarin aber bereits 1796 verstorben war, behielt der nunmehrige König Frederik IV. das Service an seinem Hof – und legte damit den Grundstein für das, was heute weltweit als erstklassiges dänisches Design bekannt ist. Schnörkellos, die Form folgt der Funktion – das sind die Merkmale.

Eine ähnliche Erfolgsgeschichte können die berühmtesten Bausteine der Welt vorweisen. Seit 1968 ist Legoland im dänischen Billund in Betrieb. Eines der neueren Produkte des Konzerns ist ein „Roboter-Erfinder-System": Mit ihm erfanden Kinder in einem Test einen lichtempfindlichen Einbrecheralarm, der über der Tür (vorzugsweise des Kinderzimmers) platziert wird und ungebetene Gäste mit Tischtennisbällen überschüttet.

Hafen der Kaufleute

Nicht nur bei Wohnungseinrichtungen ist dänisches Design führend, selbst eine Tankstelle von Arne Jacobsen brachte es zu Ruhm und Ehren. Sie mag futuristisch anmuten und liegt unweit von Kopenhagen. Hier kann man sich sagen: Design ist, wenn man trotzdem tankt. Die dänische

Oben:
Der Krämerladen in „Den Gamle By" („Die alte Stadt") zählt zu den beliebten Zielen in der jütländischen Hauptstadt Århus. Das ganze Stadtviertel mit seinen stimmungsvollen Straßen und Höfen, seinen romantischen Gärten, Gaststuben und Geschäften gilt als das größte Freilichtmuseum für Stadtkultur in Europa.

Rechts:
Die heutige Kleinstadt Mariager auf der dänischen Insel Seeland heißt im Deutschen „Marias Acker" und entstand im 15. Jahrhundert um ein Birgittenkloster. Heute schlägt in dieser Idylle aus Kopfsteinpflaster und stockrosenumrankten Fachwerkhäusern des 18. Jahrhunderts wohl das Herz jedes Romantikers höher.

Rechte Seite oben:
„Sein oder Nicht Sein" – diese Worte Shakespeares verhalfen der seeländischen Stadt Helsingør zu Weltruhm. Doch nicht nur die Festung Kronborg wird gerne besucht, auch die malerische Altstadt und das Louisiana-Museum mit seinen wahren Schätzen moderner Kunst sind weithin bekannt.

Rechte Seite unten:
Südlich von Skagen erstreckt sich von Meer zu Meer die Råbjerg Mile, eine zwei Kilometer lange und 35 Meter hohe Wanderdüne. Sie rückt jährlich bis zu zehn Meter nach Osten vor und begräbt jegliche Vegetation unter ihren gewaltigen Sandmassen.

Hauptstadt selbst bietet natürlich auch sehr viele Sehenswürdigkeiten, nicht nur mit ihren Schlössern. Tivoli ist der berühmteste Freizeitpark und der älteste überhaupt befindet sich ebenfalls in der Stadt, Dyrehavsbakken. Hier wird nicht nur Vergnügen angeboten, hier wird auch Geld verdient.

Und damit macht Kopenhagen seinem Namen alle Ehre, denn übersetzt bedeutet er „Hafen der Kaufleute". Hier schuf einer der berühmtesten Märchenerzähler der Welt, Hans Christian Andersen, seine bekanntesten Werke wie „Die Prinzessin auf der Erbse" oder „Des Kaisers neue Kleider". Ihm wurde mit der „Kleinen Meerjungfrau" ein Denkmal gesetzt, an dem kaum ein Besucher vorbeigeht ohne anzuhalten.

Märchenerzähler und Philosophen

Der nur unwesentlich jüngere Søren Kierkegaard hingegen war Philosoph und engagierter Verfechter der Idee des Christentums gegen die Realität der Christenheit. Nach seiner Theorie können die beiden ersten Stadien der menschlichen Existenz, das Ästhetische und das Ethische Stadium, jeweils nur mit ironischer Distanz zu sich selbst überwunden werden, um zum dritten Stadium, der Religiosität, zu gelangen. Und ein bisschen Ironie der Geschichte wäre es wohl, wenn, wie von manchen Politikern geplant, die 1971 gegründete „Freistadt Christiania" aufgelöst werden sollte: Denn sie ist nicht nur ein alternativer Lebensentwurf, sondern auch ein Tourismusmagnet der dänischen Hauptstadt.

Abends verwandeln über 100 000 Glühbirnen den Tivoli in Kopenhagen in einen Lichtertraum. Er ist einer der ältesten Freizeitparks der Welt und zieht auf seinen gut 80 000 Quadratmetern jährlich mehr als vier Millionen Besucher in seinen Bann.

Was braucht ein Fischerdorf, wenn es Metropole werden möchte? Nicht zuletzt eine Börse (1640) – und damit ist Kopenhagen nicht nur kulturelles sondern auch wirtschaftliches Zentrum Dänemarks.

Auf drei Inseln erstreckt sich das Schloss Frederiksborg nahe der seeländischen Kleinstadt Hillerød. Hier fanden einst die Krönungszeremonien statt und hier wurde auch der Elefantenorden neu geregelt. Neben der beeindruckenden Schlosskirche ist vor allem das Nationalhistorische Museum Dänemarks einen Besuch wert.

Mehr als 1000 Exponate sind in den 40 Räumen des Nationalhistorischen Museum in Schloss Frederiksborg beheimatet. Die riesige Porträtsammlung des Schlosses zeigt zudem jede Menge bedeutender Dänen, gemalt oder fotografiert. Zu den schönsten Räumen von Schloss Frederiksborg zählt der Rittersaal mit einer beeindruckenden Kassettendecke.

Wahrzeichen der Stadt Kalundborg auf der Insel Seeland ist die fünftürmige Liebfrauenkirche, die vermutlich von einem lombardischen Baumeister erstellt wurde. Für Dänemark einzigartig ist ihr Grundriss, ein griechisches Kreuz mit vier gleich langen Armen.

Die 1357 erbaute Kirche von Højerup beim seeländischen Kreidefelsen Stevns Klint bewegt sich laut Legende in jeder Neujahrsnacht um einen Hahnenschritt weiter landeinwärts. Im Jahr 1928 verlor sie ihren Chor, als ein Teil des Steilufers ins Meer stürzte.

Bei den idyllischen und romantisch stimmenden Naturschauspielen wie hier bei Teglkås ist es wohl kein Wunder, dass Bornholm als Mekka der Künstler aus aller Welt gilt. Der Ort liegt im Norden der Westküste an der Küstenstraße, die die meisten der 140 Kilometer auch wirklich genau am Meer entlangführt.

Besonders über Jons Kapel scheint die Legende berichten zu wollen, die von der Entstehung der dänischen Insel Bornholm erzählt: als Gott Skandinavien erschaffen hatte, war ihm von allen schönen Dingen noch etwas übrig geblieben. Diese sammelte er und warf sie in die Ostsee ...

Oben:
Lange sind die Zeiten vorbei, als auf dem Marktplatz der südjütländischen Stadt Tønder noch die Prügelstrafe öffentlich vollstreckt wurde. Heute ist das Städtchen nahe der deutschen Grenze auch ein Einkaufsparadies für alle, die dänisches Design lieben.

Rechts:
Kleine Sträßchen wie dieses in Tønder wirken anheimelnd auf Einheimische wie auf Besucher. Die Stadt ist nicht nur als Hochburg für Klöppelspitzen bekannt, hier wird seit 1994 auch ein stimmungsvoller Weihnachtsmarkt veranstaltet, der erste seiner Art in Dänemark überhaupt.

Der romanische Dom von Ribe mit seinen ungleichen Türmen ist das einzige fünfschiffige Gotteshaus Dänemarks. Von der Plattform des „Bürgerturms" hat man die beste Aussicht über die Dächer der Stadt bis hin zur Marsch.

Über hundert Häuser im jütländischen Ribe stehen unter Denkmalschutz. Bereits seit der Gründung der Stadt um das Jahr 700 kommen viele Besucher hierher – früher, um Geschäfte mit den Wikingern zu machen, heute, um das hervorragend bewahrte historische Erbe zu erleben.

Nördlich von Sylt schließt sich die dänische Insel Rømø an. Hier bilden alte Bauernhäuser einen reizvollen Kontrast zu den traumhaften Stränden, die so breit sind, dass man sie sogar mit dem Auto befahren kann.

Der Wind hat auf der Insel Rømø das erste und das letzte Wort. Und so fühlen sich hier nicht nur die Windsurfer wohl, ein Riesenspaß für Jung und Alt ist auch das internationale Drachenfestival Anfang September, bei dem sich der Himmel mit bunten Fantasievögeln schmückt.

Oben:
„Den Gamle By", die Altstadt der größten jütländischen Stadt Århus, wirkt mit ihren Fachwerkhäusern und den liebevoll gepflegten Gärten besonders malerisch. Gaststuben laden ebenso wie Geschäfte zum Verweilen ein.

Rechts:
Der neoromanische Dom von Viborg wurde in der zweiten Hälfte des 19. Jahrhunderts nach dem Vorbild der Kathedrale aus dem 12. Jahrhundert erbaut. In der Krypta ruht in einem lederbezogenen Sarg der Goldmacher Valdemar Daa, der durch Hans Christian Andersen zu literarischen Ehren kam.

Die riesige Treibsanddüne Rudjerg Knude in Nordjütland hat ganze Arbeit geleistet: Sie hat innerhalb von 20 Jahren den Leuchtturm überwandert. Heute steht er wieder frei, aber sein Schicksal ist besiegelt und er wird über kurz oder lang die Steilküste hinabstürzen.

Wie hier an der Nordseeküste Jütlands zeugen die Fischerboote vom harten Leben auf rauer See. Beim Hochseeangeln werden unter anderem Dorsch, Köhler, Makrele, Seewolf oder Knurrhahn gefangen.

Nicht nur Schafsinseln – Färöer

Laut dem „Schafsbrief" von 1298 bieten die Färöer von jeher nur Weideplatz für 70 000 Schafe. Früher reichte das Fleisch für die Färinger, doch durch die Verzehnfachung der Bevölkerung in den letzten 200 Jahren muss nun Schafffleisch eingeführt werden. Wirtschaftlich wichtiger ist aber längst die Fischerei, sodass der Ländername „Føroyar" (wörtlich übersetzt: Schafsinseln) womöglich irgendwann angepasst werden sollte …

Die Färöer sind im Gegensatz zu ihrem „Mutterland" Dänemark nicht der EU beigetreten, da die Verträge ihre Fischereirechte eingeschränkt und sie dadurch in ihrer ökonomischen Existenz bedroht hätten. Früher hatten die Fischer eine unscheinbare Holzkiste mit einer kleinen Öffnung im Deckel von größtem Wert: den „Lippenkasten". Hier sammelte jeder Fischer die Zungen der von ihm erbeuteten Fische, die am Ende der Arbeitswoche gezählt wurden – davon war die Höhe des Lohnes abhängig.

Viele Besucher der Färöer-Inseln sind mit der Autofähre unterwegs nach Island und legen hier einen zwei- oder dreitägigen Stopp ein. Somit hat man bereits ein Fahrzeug zur Hand, um die Insel zu erkunden. In den letzten Jahren haben sich

Oben: Bereits bei der Anreise mit der Fähre Norröna zu den Färöern bilden Möwen einen „Begleitschutz".

Linke Seite: Senkrecht aufragende Felswände und geheimnisvolle Meeresgrotten prägen das Bild der Küste bei Vestmanna auf der färöischen Hauptinsel Streymoy. Beliebt sind die Ausflugsfahrten mit kleinen Schiffen, bei denen man auch die bunt bevölkerten Vogelklippen bewundern kann.

die Fährverbindungen zu den Färöern deutlich verbessert, was nicht zuletzt daran liegt, dass die Inseln sehr viel an Attraktivität als Reiseziel gewonnen haben. Auch bei den Besucherzahlen schaut man auf eine jährliche Steigerung. Nach den Dänen und den Norwegern sind die Deutschen die drittstärkste Besuchergruppe. Wer die Schafsinseln mitten im Atlantik besucht, hat keinerlei Berührungsangst mit Regenwetter, man schätzt die unberührte Natur, die sich auf kurzen Wegen von einer komfortablen Unterkunft erreichen lässt. Unberührt heißt auch sicher: National Geographic Traveller ernannte die Färöer-Inseln zu den am wenigsten verdorbenen Inseln der Welt.

Landeskunde unter der Lupe

Vollauf beschäftigen kann man sich mit dem Sammeln der färöischen Briefmarken, die es erst seit 1976 gibt. Wie kaum anderswo erfährt man hier (fast) alles über das Land. Historisches Kinderspielzeug aus der Wikingerzeit wie ein Pferd (1957 in Kvívík gefunden) oder ein geschnitztes Holzboot (Ausgrabungen 1955 in Kirkjubøur) war ebenso schon abgebildet wie Spezialitäten der färöischen Küche: Grindwalfleisch, Klippfisch, Dorschköpfe, Rhabarber oder gefüllte Papageientaucher.

Rechts:
Wie bei den skandinavischen Ländern zeigt auch die Flagge der Färöer ein Kreuz: rot mit blauer Umrandung. Die „Føroyar", wie das Land in der Landessprache heißt, wurden im Mittelalter entdeckt und besiedelt – heute gelten sie wirtschaftlich als Vorzeigeland und als eines der „besten Reiseziele der Welt".

Unten:
Bei einem Schiffsausflug von Vestmanna zeigen sich die Vogelklippen in ihrer ganzen majestätischen Schönheit. Hier können sich die Vögel richtig ungestört fühlen, denn für andere Tiere oder Menschen sind die steilen Felsen so gut wie unerreichbar.

Die färöische Vogelwelt zählt zu den bemerkenswertesten überhaupt und so kommen viele Gäste vor allem deshalb auf den abgelegenen Archipel im Nordatlantik. 68 verschiedene Vogelarten brüten regelmäßig hier, darunter die Papageientaucher, Küstenseeschwalben, Basstölpel, Raubmöwen, Eiderenten und Bekassinen. Einige Arten sind eher seltene Gäste wie das Steppenhuhn, die Schneeeule oder der Fichtenkreuzschnabel. Sehr viele dieser (nicht immer nur possierlichen) Tiere sind bereits auf färöischen Briefmarken verewigt worden, die umfangreichen Beschreibungstexte dazu kann man von färöischen Internetseiten herunterladen.

Ein kleines Land ganz groß

Der erste bekannte Brief von den Färöern stammt aus dem Jahr 1852 und wurde 2003 für stolze 27 000 Euro versteigert. Dass dieser Betrag angemessen war, erklärt sich aus den ehemals sehr schwierigen Beförderungsbedingungen auf den Inseln oder gar von einem Eiland zum nächsten. So wurde erst 2003 die letzte verbleibende Briefträgerroute über einen Gebirgspass überflüssig, als ein Tunnel zum bislang isolierten Dorf Gásadalur durchstochen wurde. Kein Geringerer als der Postbote selbst hatte die Ehre der ersten Sprengung und er war auch der erste Mensch, der den Tunnel durchschreiten durfte.

Und aus der Zeit, als es noch keine regelmäßigen Fährverbindungen zwischen den bewohnten Inseln der Färöer gab, ist die Geschichte überliefert, dass eine Bootsmannschaft einen Brief auf die Insel Suðuroy zugestellt hatte – und wegen schlechten Wetters zwei Wochen lang auf dieser Insel ausharren musste!

Vom Schneebesen zum Hubschrauber

Auch in der Musik ist die Inselgruppe größer als man denkt. Europaweit einzigartig ist der Kettentanz mit den dazu vorgetragenen alten Balladen – kein anderes Land konnte mittelalterliches Brauchtum derart authentisch in die Moderne retten. Die färöische Sprache wurde so erhalten, denn seit der Reformation um 1540 war die Schriftsprache vollständig verschwunden und konnte nur durch die gesungenen Balladen bis in unsere Zeit überliefert werden. In alle Welt getragen wird sie unter anderem von der Sängerin Eivør Pálsdóttir. Sie gilt als färöisches Pendant zum isländischen Musik-Export Björk. Kritiker nennen sie „Eisgöttin", ihre Stimme als „von Gott gegeben" oder sie sprechen von einem „außerordentlichen Talent". Wie puristisch die Färinger mit ihrer Sprache umgehen, mag bezeugen, dass ein Küchengerät quasi in die Luft gegangen ist: Von „tyril" (Schneebesen) wurde „tyrla" (Hubschrauber) abgeleitet.

Oben:
Einen besseren Schutz als diesen Naturhafen bei Gjógv könnten sich die Fischer für ihre Boote wohl kaum wünschen. Wenn die Schiffe auch sehr einfach sind, so halten sie in ihrer Robustheit doch der rauen See stand.

Links:
Zottelige Schafe findet man überall auf den Färöern und der Widder ist auch das Wappentier des Archipels. Doch bereits im „Schafsbrief", dem ältesten erhaltenen mittelalterlichen Dokument der Färöer, wurde die maximale Zahl von Schafen auf den Weideplätzen der Inseln festgelegt; bei der heutigen Zahl von 50 000 Bewohnern liefern sie nicht mehr genügend Fleisch, sodass dieses jetzt auch eingeführt wird.

Oben:
Der Leuchtturm am Fährhafen von Tórshavn weist den Schiffern den richtigen Weg. Auf dem Archipel mitten im Nordatlantik ist nicht nur das Signal wichtig; wegen des häufigen Nebels sind auch die Signalfarben des Turmes von größter Bedeutung.

Rechts:
Aus dieser Perspektive wirkt die färöische Hauptstadt Tórshavn fast wie eine Großstadt. Im Hafen ist die Fähre Norröna zu sehen, die größer ist als jedes Haus in der Stadt.

Das St. Olavsfest in „Thors Hafen" (Tórshavn) am färöischen Nationalfeiertag ist eine Mischung aus Tradition, Spiel, Spaß und Sport.

Mutter und Tochter zeigen sich in Nationaltracht, beim Kirchgang schreiten Bischof und Ministerpräsident an der Spitze des Zuges. Anders dann beim Langbootrennen: hier sorgt ein Sprung ins kühle Nass für die Abkühlung eventuell erhitzter Gemüter.

Links:
Das Dorf Kvívík am Vestmannasund auf der Insel Streymoy könnte mit seinen 400 Einwohnern fast schon zu den großen Orten der Färöer gezählt werden. Denn manche Orte haben nur eine Handvoll Bewohner, fünf Gemeinden zählen immerhin über tausend Köpfe und nur Klaksvík (4600) sowie die Hauptstadt (12 500) reichen an die Zahlen einer Kleinstadt heran.

Oben:
Die Gemeinde Vestmanna liegt auf der Insel Streymoy in einer Bucht des Vestmannasundes. Von der Nachbarinsel Vágar, auf der sich der färöische Flughafen befindet, ist Vestmanna per Schiff erreichbar.

Ob Nebel oder Sonnenschein, das kleine Dorf Saksun ist einen Abstecher wert. Nahe der unzugänglichen Westküste von Streymoy ist es allerdings kein Küstendorf, sondern der Ort liegt an einer Lagune. Sehenswert sind die Kirche von 1856 sowie der Museumshof Dúvugarðar.

Wie viele andere Dörfer auf den Färöern musste Saksun in den letzten 15 Jahren eine geradezu dramatische Entwicklung der Einwohnerzahl hinnehmen. Lebten im Jahr 2000 noch 30 Menschen im Dorf, waren es im Jahr 2015 nur noch zehn Personen.

Der Legende nach wollten der „Risin" (Riese) und das „Kellingin" (Trollweib) die Färöer Richtung Island ziehen. Da sie von der Morgendämmerung überrascht wurden, versteinerten sie – und heute sind sie als Felsnadeln bei Eiði zu bewundern.

Malerisch mutet die Morgenstimmung im Hafen von Selatrað auf der Insel Eysturoy an. Der Ort mit seinen gut 50 Einwohnern wurde bereits im „Hundebrief" (circa 1350; Anhang des „Schafsbriefes") erwähnt.

Innan Glyvur ist ein Ortsteil von Skáli und liegt am Skálafjørður, der die Insel Eysturoy praktisch in zwei Hälften teilt. Fast hätten die Eiszeitgletscher es geschafft, dass dieser Fjord zusammen mit dem Funningsfjørður einen durchgehenden Sund schafft.

Das Dorf Oyndarfjørður mit seiner kleinen Kirche liegt am gleichnamigen Fjord auf der Insel Eysturoy und ist für seine Rinkusteinar bekannt. Die zwei Felsbrocken liegen im seichten Wasser und bewegen sich mit den Wellen. Ein zum Festland gespanntes Seil zeigt die Bewegung der Steine an.

Links:
Eine faszinierende Landschaft prägt das Bild bei Gjógv. An dieser rauen Nordküste Eysturoys ist moderne Fischereiindustrie unmöglich, sodass hier nach wie vor die Landwirtschaft eine wichtige Rolle spielt.

Oben:
Im Ort Funningsfjørður am gleichnamigen Fjord leben die Menschen von der Fischzucht. Zusammen mit dem Fischfang bildet die Zucht ein wirtschaftliches Rückgrat der Färöer, sodass der Archipel heute statt „Schafsinseln" auch „Fischinseln" heißen könnte.

151

Der malerische Fischerort Gjógv im Norden der Insel
Eysturoy zählt wegen seiner Idylle zu den bekannten
Sehenswürdigkeiten der Färöer. Die bunten Häuser
wirken beinahe wie Legosteine in der Landschaft.

Der kleine Bach beim Dorf Gjógv hat einen erstaunlichen Wasserfall zu bieten. Wie überall auf den Färöern findet man auch hier schwarz geteerte Hausfassaden.

Elfen, Trolle und Weihnachtsgesellen – Island

In Island leben nicht nur gut 300 000 Isländer (und doppelt so viele Schafe), sondern auch ein ganzes Volk von Unsichtbaren: Elfen, Feen, Zwerge und Trolle. Jedes Kind in Hafnarfjörður kennt die Wohnungen der fabelhaften Wesen in den Lavahügeln des Ortes. Erla Stefánsdóttir markierte die Lage der Häuser und Burgen in der „Hidden Worlds Map" und in der Hauptstadt Reykjavík gibt es die einzige Elfenschule der Welt: Der Historiker Magnús Skarphédinsson weiht Besucher in die Geschichte(n) der Elfen ein.

In diesem Land, das als höchstentwickelter Staat der Welt gilt, gibt es keinen Weihnachtsmann – dafür aber dreizehn Weihnachtsgesellen. Weihnachten beginnt am 12. Dezember und endet am 6. Januar. Am ersten Tag kommt der erste, am zweiten der nächste und so weiter, bis am 24. Dezember alle da sind. Danach verschwinden alle in der gleichen Weise wieder. Heutzutage bringen sie auch Geschenke, doch erst einmal kommen Spaß und auch ein wenig Ärger: Stúfur, der Knirps, liebt die angebrannten Reste in der Pfanne. Pottaskefill, der Topfschaber, leckt die Kochtöpfe leer. Hurðaskellir schließlich, der Türzuschlager, ärgert die Leute durch Lärm …

Oben: Die robusten Islandpferde waren in früheren Zeiten als Transport- und Lasttiere überlebenswichtig. Heute erleben sie bei Sport und Freizeit eine Renaissance und dürfen, um die Reinheit der Rasse zu erhalten, nicht (wieder) ins Land eingeführt werden.

Linke Seite: Das Kap Dyrhólaey ist der südlichste Punkt Islands und liegt unweit von Vík í Mýrdal. Hier scheint sich die Küste für unendliche Zeiten mit dem Meer vermählen zu wollen.

Nicht nur Lärm und Getöse, Verwüstung auf der einen und Landgewinn auf der anderen Seite können Vulkanausbrüche bringen. Einer der weltweit bekanntesten geschah 1973 auf den Westmännerinseln. Die Bevölkerung der einzig bewohnten Insel Heimaey wurde innerhalb kürzester Zeit evakuiert. Das einzige Todesopfer war ein Mann, der in eine Apotheke einbrechen wollte und giftige Dämpfe einatmete, denn Kohlendioxid zusammen mit giftigen Gasen sammelte sich in vielen von der Vulkanasche bedeckten Gebäuden. Der Pragmatismus der Isländer zeigt sich darin, dass die Lava, die aufgrund ihrer schlechten Wärmeleitfähigkeit sehr lange heiß bleibt, bereits kurz nach dem Ende der Eruptionen für Heizenergie benutzt wurde. Nach dem Bau von vier Kraftwerken konnten praktisch alle Häuser der Insel mit dieser Energie versorgt werden.

Das zweite wichtige Element neben dem Feuer der Vulkane ist das ewige Eis der Gletscher. Einer davon, der Snæfellsjökull, kam zu höchsten literarischen Ehren. Bei Jules Vernes „Reise zum Mittelpunkt der Erde" ist er das Tor zu einem unterirdischen Weg, der von dem isländischen Forscher Arne Saknussemm entdeckt wird. Der isländische Literatur-

Nobelpreisträger Halldór Laxness widmete sich ihm in seinem Werk „Am Gletscher".

Hoch zu Ross mit fünf Gängen

Die Erben der Edda und der Sagas sind immer noch in Literatur verliebt wie kaum ein anderes Volk. Kein Wunder, ihre Sprache hat sich so wenig verändert, dass sie die mittelalterlichen Erzählungen nach wie vor im Original lesen können. Und sie bewegen sich auch gerne wie zur Zeit der „Landnahme" vor über tausend Jahren hoch zu Ross fort, zumindest in ihrer Freizeit. Die Islandpferde verfügen als einzige Rasse über fünf Gangarten, die dem Reiter, vor allem im Tölt, ein sehr angenehmes Fortkommen bescheren.

Bereits bei der ersten Zusammenkunft des Alþing, des ersten Parlaments der Welt, im Jahr 930 wurde ein Einfuhrverbot für Pferde beschlossen, das bis heute strikt gewahrt wird. Damit wird das Einschleppen von Krankheiten verhindert und die Reinheit der Rasse bewahrt. Heute lieben die Isländer natürlich auch ihre geländegängigen Autos und Busse, die vor allem auf den unwegsamen Pisten des Hochlands unverzichtbar sind. In Reykjavík ist dies weniger nötig, schließlich sind hier, der geothermalen Energie sei Dank, viele Gehwege und Straßen im Winter beheizt – und damit natürlich schnee- und eisfrei.

Die Rauchbucht

Island will als erster Staat der Welt unabhängig vom Erdöl werden; riesige Gletscherflüsse treiben Kraftwerke an und die wärmespendende Kraft der Erde dringt bis an die Oberfläche. Es wurde bereits darüber nachgedacht, Strom über ein Unterseekabel nach Kontinentaleuropa zu exportieren. In Gewächshäusern gedeihen sogar Bananen (die nördlichsten der Welt) – weniger zum kommerziellen Zweck als vielmehr zum Beweis, dass der Anbau hier tatsächlich möglich ist. Und was wäre ein Besuch Islands ohne ein Bad in der berühmten Blauen Lagune?

Die Dämpfe dieser heißen Quellen erschienen den Landnehmern als „Rauch" – deshalb nannten sie die erste Siedlung Reykjavík, Rauchbucht. Aus den wenigen Torfhäusern von einst ist die am nördlichsten gelegene Hauptstadt der Welt geworden. Während der Amtszeit von Vigdís Finnbogadóttir, der ersten Frau weltweit, die als Staatsoberhaupt gewählt worden war, trafen sich hier erstmals Ronald Reagan und Michail Gorbatschow. So begann also bei Nieselregen und Sturmböen das Eis zwischen den Weltmächten zu schmelzen. Mit der sagenhaften Karriere des Popstars Björk entwickelte sich auch die Kneipenszene rasant und wohl mancher besonders hippe Trendsetter träumt davon, das Wochenende hier statt in den einschlägigen Lokalen von London oder New York zu verbringen …

Linke Seite oben:
Das geheimnisvolle Polarlicht kann man mit etwas Glück im Winter erleben, wie hier im Nationalpark Skaftafell im Südosten Islands. Während wir es heute mit der wissenschaftlichen Erklärung im Hintergrund bewundern, flößte es den Menschen früher Angst ein.

Linke Seite unten:
Grassodendächer schützten in alten Zeiten die Häuser vor den Unbilden des Wetters. Der eindrucksvolle Grassodenhof von Laufás am Eyjafjörður bei Akureyri war besonders groß und bis 1936 bewohnt. Heute kann man ihn als Museumshof besichtigen.

Oben:
Island ist nicht nur im Sommer eine Reise wert. Im Winter sind besonders die Fahrten mit einem Hundeschlitten beliebt. Wenn dann auch noch das Wetter mitspielt wie hier am Langjökull, dann ist das Glück perfekt. Dieser ist mit 950 Quadratkilometern der zweitgrößte Gletscher Islands und auch für Touren mit dem Allradfahrzeug beliebt.

Links:
Der erste Entdecker Amerikas, der Isländer Leifur Eiríksson, scheint für die imposante und hier von der Mitternachtssonne eindrucksvoll in Szene gesetzte Hallgrimskirche in Reykjavík nicht viel übrigzuhaben: er dreht ihr den Rücken zu und wendet sich lieber gen Amerika.

Oben und rechte Seite:
Der Gletschersee Jökulsárlon liegt im Süden Islands direkt an der Ringstraße und fast auf Meereshöhe. In ihn kalbt das Eis des Breiðamerkurjökulls, der ein winziger Ableger des Giganten unter den Gletschern Europas, des Vatnajökulls, ist. Direkt westlich davon war 1362 der Hnappafellsjökull ausgebrochen und hatte Höfe mitsamt Ackerland zerstört. Nach einem weiteren Ausbruch 1727 wurde das Gebiet „Öræfi" genannt, was Einöde, Ödland oder Wüste bedeutet. Und so wirkt es wohl auch heute noch auf den Besucher.

Auf den ersten Blick könnte man sich fast in die bayerischen Berge versetzt fühlen. Doch diese Sumpflandschaft mit Wollgras und stattlichen Bergen im Hintergrund findet man am Álftafjörður im Süden der isländischen Ostfjorde.

Einer der eindrucksvollsten Wasserfälle Europas ist trotz der geringen Höhe von nur 45 Metern der Dettifoss. Denn die Wassermassen stürzen über die stattliche Breite von 100 Metern tosend in die Tiefe.

Warm anziehen muss sich, wer auf Walsafari gehen will wie hier vor der Küste von Húsavik. Die Walbeobachtung ist nirgendwo besser möglich und so schmückt sich der Ort auch mit dem Titel „Hauptstadt der Walbeobachtung Europas".

Begleitet wird das Schiff von einem Delfin,
der die regelmäßigen Touren schon bestens kennt.

Links:
Der Goðafoss, der Götterfall, ergießt sich zwar nur über eine Höhe von zehn Metern, doch gerade in diesem dramatischen Abendlicht präsentiert er sich besonders fotogen. Da er im Norden Islands direkt an der Ringstraße liegt, gehört dieser Wasserfall zu den meistbesuchten Sehenswürdigkeiten des Landes.

Oben:
Die Islandpferde sind es gewöhnt, im Sommer, wenn es nicht dunkel wird, die Nacht zum Tag zu machen. Hier haben sie sich an einem kleinen Fluss nahe des Sees Mývatn zusammengefunden, der seinen Namen „Mückensee" (leider) zu Recht trägt.

Seite 166/167:
Der Mývatn im Nordosten Islands ist nicht nur für seine Mückenplage bekannt, die Quälgeister sind auch eine wichtige Nahrungsgrundlage für viele verschiedene Arten von Vögeln. Früh am Morgen allerdings liegt der See still und ruhig da und weder Zuck- noch Kriebelmücken geschweige denn die aus Amerika eingewanderten Spatelenten lassen sich blicken.

Oben:
In der zweitgrößten Stadt Islands, Akureyri, finden sich noch viele schöne alte Holzhäuser. Liebevoll gepflegt zieht der alte Ortskern im Norden des Landes immer mehr Besucher an.

Oben:
Wer einmal Pause machen möchte von der überwältigenden Natur Islands, der findet zum Beispiel im Zentrum von Akureyri dieses gemütliche Café. Gewöhnungsbedürftige isländische Spezialitäten wie angesengte Schafsköpfe oder anrüchige Gammelrochen wird man hier vergebens suchen …

Seite 170/171:
Die isländischen Torfhäuser konnten aus statischen Gründen nur klein gebaut werden, sodass immer mehrere Häuser zu einem Wohnkomplex zusammengefasst wurden. Das Besondere am Torfmuseum Glaumbær bei Sauðárkrókur in Nordisland ist die original erhaltene Einrichtung aus dem 18. und 19. Jahrhundert.

Der Muschelsandstrand bei Búðir im Westen Islands lädt zu einem Strandspaziergang ein, das Wasser des Atlantiks ist allerdings nicht badetauglich. Und wer von dieser südlich anmutenden Strandatmosphäre in die Gletscherkälte wechseln möchte: zum Snæfellsnes ist es von hier nur ein Katzensprung.

Auch wenn die Piste der Kjölur-Route für eine Hochlandquerung Islands als „komfortabel" gilt – nach all dem Gerüttel freut sich wohl jeder auf ein Bad im fabelhaften „Heißen Pott" des Geothermalgebiets von Hveravellir. Diese „Badewannen" mitten in der Natur gibt es nicht nur im Hochland, sondern auch an leichter zugänglichen Küstenorten.

Vulkanismus wie aus dem Bilderbuch: „Fumarole" nennt man die Austrittsstelle vulkanischer Gase und Dämpfe und „Solfatare" einen heißen, schwefelhaltigen Dampfaustritt. Um eine Fumarole bildet sich zuweilen etwas, was wie ein Mini-Vulkan aussieht und in Wirklichkeit nur Kalkablagerungen sind.

Fumarole können auch als Sinterterrassen oder blumenkohlartig in Erscheinung treten. Im geothermischen Feld Hveravellir an der Kjölur-Route im isländischen Hochland prägen sie das vielfältige Landschaftsbild. Das ist interessant anzusehen, anziehender ist allerdings ein Bad in einem der hiesigen „Heißen Pötte".

Links:
Das Hochland Landmannalaugar auf dem Rücken eines Islandpferdes zu erleben gehört sicher zu den schönsten Erlebnissen auf der Insel aus Feuer und Eis. Hier warten die Tiere in der Ebene Jökulgil geduldig auf eine Touristengruppe.

Oben:
Zauberhaft ist die Abendstimmung am Rhyolithberg Kjaftalda im Hochland Landmannalaugar. Rhyolith ist ein für seine Farbenpracht berühmtes saures Ergussgestein, das in Island nirgendwo sonst so großflächig vorkommt wie hier.

In Island können Sand und Wasser interessante Formen hervorbringen (ganz oben links). Während die Wiesen-Wucherblume *Leucanthemum Vulgare* (oben links) nur an wenigen Plätzen, meist am Strand im Lavasand, gedeiht, findet man das Arktische Weidenröschen *Epilobium Latifolium* (ganz oben rechts und oben rechts) sehr häufig.

Im Hochland Landmannalaugar gibt es Gegensätze, wie sie größer kaum sein könnten: grünes Sumpfland mit bunten Blumen vor dem Lavastrom Laugarhraun. Den Namen des Hochlandes könnte man übersetzen mit „Heiße Quellen der Männer vom Land".

Links:
Der Gullfoss liegt nicht nur am „Golden Circle", der beliebtesten Rundtour Islands, er heißt auch übersetzt „Goldener Fall". Bis zu 70 Meter donnert das Wasser in die Tiefe, wobei schon die Rekordmenge von 2000 Kubikmetern pro Sekunde gemessen wurde.

Oben:
Der Skógafoss an der isländischen Südküste lässt seine Wassermassen auf einer Breite von 25 Metern stolze 60 Meter in die Tiefe stürzen. Einer Legende nach soll der Landnehmer þrasi Þórólfsson eine Kiste voller Gold in einer Höhle hinter dem Wasserfall versteckt haben.

Seite 182/183:
Das südlichste Dorf des isländischen Festlandes, Vík í Mýrdal, ist eingebettet in eine großartige Umgebung. Die mit Grün überzogenen Vulkanfelsen des Mýrdalsjökull bilden die Kulisse eines südlich anmutenden Traumstrandes.

Oben:
Unweit von Vík í Mýrdal haben es sich die Papageientaucher hoch über dem Atlantik gemütlich gemacht, mit Blick auf bizarre Felsnadeln im Wasser. Die Küste ist unzugänglich – aber zum Baden wäre das Wasser trotz herrlichstem Sonnenschein sowieso zu kalt.

Die Küstenseeschwalbe (ganz oben links) bevölkert Island zwischen Mai und August. Sie ist das Lebewesen, das weltweit am längsten von der Mitternachtssonne profitiert, denn sie „überwintert" in der Antarktis. Der Papageientaucher (ganz oben rechts) kommt zum Brüten an Islands Küsten und gehört zu den Alkenarten, während der Ohrentaucher (oben links) zu den Lappentauchern gezählt wird. Ein typischer Vogel in der isländischen Heidelandschaft ist der Goldregenpfeifer (oben rechts).

Register

Dänemark
Århus	114, 130
Bornholm	113, 122, 123
Erbseninseln	113
Helsingør	111, 113, 115
Hillerød	118, 119
Højerup	121
Kalunborg	120
Kopenhagen	13, 84, 113, 115–117
Mariager	114
Ribe	13, 126, 127
Rømø	112, 128, 129
Seeland	114, 120
Skagen	115
Teglkås	122
Tønder	14, 124, 125
Viborg	131

Färöer
Eiði	146
Eysturoy	147–150, 152
Funningsfjørður	148, 151
Gásadalur	137
Gjógv	137, 150, 152, 153
Kirkjubøur	135
Kvivik	135, 142
Oyndarfjørður	149
Saksun	144, 145
Selatrað	147
Skálafjørður	148
Skáli	148
Streymoy	134, 142–145
Suðuroy	137
Tórshavn	138–141
Vágar	143
Vestmanna	134, 136, 143

Finnland
Åland-Inseln	52, 54, 56, 57, 58, 60/61
Brändö	60/61
Helsinki	11, 54, 55, 62, 64–69
Inari	53
Kaamanen	55, 80
Kerimäki	75
Kilpisjärvi	15
Kuopio	70, 71
Mariehamn	58, 60/61
Parainen	63
Ranua	11
Rovaniemi	54, 78
Sandö	59
Savonlinna	72/73
Seinäjoki	53
Seurasaari	68, 69
Tornio	84
Turku	62, 63
Utsjoki	55
Vårdö	54, 59

Island
Akureyri	156, 168, 169
Álftafjörður	160
Blaue Lagune	157
Bolungarvik	5
Breiðamerkurjökull	158, 159
Búðir	172
Dettifoss	161
Eyjafjörður	156
Glaumbær	170/171
Goðafoss	165, 166
Gullfoss	180
Hafnarfjörður	155
Heimaey	155
Húsavík	162, 163
Hveravellir	173, 175
Jökulgil	176
Jökulsárlón	158, 159
Kap Dyrhólaey	154
Landmannalaugar	176, 177, 179
Langjökull	157
Laufás	156
Mýrdalsjökull	182/183
Reykjavik	155–157
Sauðárkrókur	170/171
Skógafoss	181
Snæfellsjökull	155
Snæfellsnes	172
Stóri	15
Strokkur-Geysir	15
Vatnajökull	158, 159
Vík í Mýrdal	154, 182–184
Westfjorde	5, 15
Westmännerinseln	155

Norwegen
Ålesund	36/37
Båtsfjord	50
Båtsfjordfjell	50, 51
Bergen	6/7, 30, 31, 135
Fjærlandsfjord	19
Flakstad	20
Flakstadøy	49
Geirangerfjord	38
Grane	41/42
Grimstad	45
Hammerfest	12
Hamnøy	16–18
Hardangerfjord	24, 25, 32
Hardangervidda	12
Holandsfjord	44
Kap Lindesnes	19
Kristiansund	39
Lofthus	32
Lom	34, 35
Løyningsdal	26
Magerøya	19
Moskenesøy	20, 47
Myrdal	33
Nordkap	12, 19, 20, 113, 188
Oslo	6/7, 11, 19, 21
Raftsund	12, 18
Ramberg	49
Reine	47
Røldalsfjell	27
Sandefjord	10
Selfjord	46
Sognefjord	27/28
Sørfjord	24, 25
Spitzbergen	11, 14, 19
Stavanger	22, 23
Stokmarknes	19
Tromsø	21
Trondheim	40, 41
Varanger	50, 51
Vesterålen	12, 19

Schweden
Arboga	85
Åre	85
Gäddede	85
Göteborg	83, 84, 104–107
Gotland	84, 110
Hällingsåfallet	87
Handöl	86
Haparanda	84
Helsingborg	111
Jukkasjärvi	96, 97
Kiruna	96
Leksand	91
Malmö	84
Marstrand	83, 104, 105
Mora	90, 93
Motala	103
Njupeskärsfallet	92
Öland	84
Örebro	85
Orsa	93
Stockholm	11, 14, 62, 83, 84, 94, 95, 98–102
Tandsjöborg	93
Trollhättan	83
Visby	110

Links:
Besuchermagnet für alle Nordkap-Fahrer ist natürlich der „Globus", der bereits 1976 auf dem Plateau aufgestellt wurde und als Wahrzeichen des nördlichsten Punktes des kontinentalen Festlandes gilt.

Umschlag vorne:
Immer wieder verzaubert der Norden mit seinen spektakulären Lichtstimmungen – Dämmerung über den Bergen bei Reine auf der norwegischen Lofoten-Insel Moskenesøy.

Kleine Umschlagbilder vorne, von links nach rechts:
Postschiff bei Hanøy, Norwegen – Mädchen auf Schloss Gunnebo, Schweden – Globus am Nordkap

Umschlag hinten:
Die Mitternachtssonne taucht den Porttipahdan tekojärvi in ein unwirkliches Licht. Im Herzen Finnisch-Lapplands, einer weitgehend menschenleeren Gegend gelegen, wurde dieser See 1970 für die Gewinnung von Wasserkraft aufgestaut. Heute ist er durch einen Kanal mit dem benachbarten Lokan tekojärvi verbunden und die berühmtesten „Bewohner" sind wohl die Seeadler.

Kleine Umschlagbilder hinten, von links nach rechts:
Goðafoss, Island – Rentierfahrt über den See Simojärvi, Finnland – Elch in Finnland – Fischer am See Simojärvi, Finnland – Stabkirche von Lom, Norwegen

Bildnachweis:
Alle Bilder von Max Galli, mit Ausnahme von:
Seite 53/kleines Bild Umschlag hinten:
©iStockphoto.com/Jason Verschoor;
Seite 132: Jörg Braukmann (Lizenz cc-by-sa 4.0).

Umwelthinweis:
Dieses Buch und der Umschlag wurden auf chlorfrei gebleichtem Papier gedruckt. Die Einschrumpffolie – zum Schutz vor Verschmutzung – ist aus umweltverträglichem und recyclingfähigem PE-Material.

Karte: Fischer Kartografie, Aichach

Alle Rechte vorbehalten
Printed in Germany

Grafik:
Verlagshaus Würzburg GmbH & Co. KG

Repro:
ARTILITHO snc., Lavis-Trento, Italien
www.artilitho.com

Druck und Verarbeitung:
Himmer GmbH Druckerei & Verlag, Augsburg
www.himmer.de

© 2017 Verlagshaus Würzburg GmbH & Co. KG
© Fotos: Max Galli
© Texte: Michael Kühler

ISBN 978-3-8003-4863-3

Unser gesamtes Programm finden Sie unter:
www.verlagshaus.com

Max Galli lebt als Reisefotograf in der Schweiz. Seine Bilder sind in zahlreichen Bildbänden, Kalendern und Reportagen veröffentlicht. Im Verlagshaus Würzburg sind von Max Galli unter anderem Bildbände über Schweden, Norwegen und Island erschienen.

Michael Kühler, 1962 in Landshut geboren, studierte in Berlin Slawistik und Literaturwissenschaft. Heute lebt und arbeitet er in der Eifel. Neben seiner Tätigkeit als Veranstalter von Kulturreisen ist er als Autor tätig, mit den Schwerpunkten Landeskunde und Reisethemen.

Entdecken Sie die ganze Welt in Büchern!